続 ドロップアウトのえらいひと

森永博志

morinaga hiroshi

東京書籍

続　ドロップアウトのえらいひと――目次

10 まえがき

12 スケルトン・デザイナー
並木清次 ——
僕は自分のことスゴいと思ったことは一度もない。
自分のこと好きでもないし。
だけど、自分のつくったものは好きです。

20 フォト・ジャーナリスト
井賀 孝 ——
まず、闘うわけです。するとコミュニケーションが速い。
で、俺、写真も撮ってんだけどっていうと、
好きに撮っていいよって、こっちも速い。

27 イラストレーター
早乙女道春 ——
すげえと
思ったものには
素直に反応してきただけです。

35 自由人／出版社代表
高橋 歩 ——
おめえ、
この胸のときめきがきたってことは、
もうそれだけでＯＫなんだよ。

45
釣り人／レストラン・オーナー
奥原悠一
いまちょっと待ってろ。
いつか好きに旅ができる時間と金をおまえに与えるから。
いまは俺に店をやらせてくれ。

55
DJ／トランペッター／アーティスト
こだま和文
人から将来どうするんだっていわれると、
僕は東京に行くって答えてた。
「何するの？」「音楽やるんです」、そう決めてた。

61
イコイスト／写真家詩人
沼田元氣
どうでもいいことを調べていくと
いくらでも、
楽しいどうでもいいことが思い浮かんでくる。

70
フジテレビ・ディレクター
平野雄大
俺は、バンドが0から1のところに立ち合いたい。
10から100とかは興味ない。
0から1のところが、一番熱量がある。

77
インディーズ・レーベル代表
高橋康浩
自由ってことは余程好きなものがないと自由になれない。
それぐらい好きか？ってことです。
僕はロックンロールで儲けたい。

86
スーツ・仕立て屋
山本祐平
自分で背広をつくってみたいと思った。
それもデザイナーになるのではなく、
昔ながらのやり方で〝仕立て〟てみたいと。

92
バー・オーナー／画家
上岡秀昭
鏡で自分の顔見てね、1分ほどだったかな、
納得しちゃった。
自分は自分でしかないもんな。

103
人権派弁護士
森川文人
憲法っていうのは、権力側を規制する装置なんです。
ラブ＆ピースなんです。
とくに第9条は『イマジン』そのもの。

116
タイ・レストラン・オーナー
榎田啓一
木は引力に逆らって生きてゆく。
でも、逆らいすぎて、枝が伸びすぎると倒れる。
逆らいながらも調和する。そこですよ。

126
ミュージシャン
横山 剣
そのグシャグシャな感じ。
そういう混沌から
パワーが生まれてくるんですよね。

132
藤幡正樹――CG・デザイナー／大学教授
子どもの頃からメカ少年だった。
趣味で変てこりんなことやっていたら、
いきなりY・M・Oのテクノ・バッジつくってくれって。

139
田中和彦――バー・オーナー
人の建前と本音が、
カウンターの中にいるとよく見える。
その両面があって、人は面白い。

144
門野久志――バー・オーナー
10年先の自分の姿が見える。
先輩見てればどうなるかわかる。
そういうレールが敷かれた人生がイヤになってきた。

156
森 泰仁――J・エルヴィス・シンガー
日本人にはやっぱり
ロックンロールが
足りない。

172
根本寿幸――ギャラリー・オーナー
人間、いつも興奮してたい生き物なんだよ。
興奮できるものを常に求めて生きている。
興奮が人生の重要なキーワードかもな。

TV構成作家
日野原幼紀 —— 188

何をやってもいいのよ。
アンディ・ウォーホルを質屋に持っていこうが、
ディスコでファッション・ショーをやろうが。

コンセプト・デザイナー
坂井直樹 —— 194

なけなしのドルをはたいて新聞に広告を打った。
刺青のプリントのTシャツを売り出したいので
スポンサー求む。

レストラン・オーナー
宮川賢左衛門 —— 200

第一、俺が自分で楽しめるからさ。
踊ったり、泣いたり、
こんな贅沢なことないじゃない。

サーファー／エコロジスト
宮川典継 —— 204

何かに属することもなく、
自分で探求した真理をもって、
何とかうまく生き残ることです。

カメラマン
佐藤秀明 —— 211

学校休んで、
カメラを持って丘に立ったときの快感が、
人生を決めた。

220 ミュージシャン
シオン
高校2つやめて、なんにもすることがない。
何かやらなきゃって思ったとき、
俺、曲を10曲ぐらいつくったんですよ。

232 バー・オーナー／DJ
福田泰彦
これからどうしようかなって、45歳で考えた。
そこで思ったんですね、
原点に戻ろうって。

243 声優／俳優
伊武雅刀
つくる側が楽しんでなきゃ、
観る側も楽しめない。
楽しいから一生懸命やるんだよ。

251 プロデューサー／コメディ作家
桑原茂一
自分が面白い、
楽しそうだと感じたものを
信じてやるべきだと思う。

258 映画監督／プロデューサー
荒戸源次郎
未来の映画は考えておりません。
どこからきたとしても、どこへいくにしても、
現在の映画でしか私たちは存在しないのですから。

264
放浪画家
下田昌克――何かになりたいとは思わなかった。
何かを
つくりたかっただけだ。

275
ファッション誌編集長
林　文浩――こいつらすごいって勘がはたらいて、
すぐに行動をともにした。
そのタイミングなんですよ。

285
プロデューサー
立川直樹――僕は職業へのこだわりとかが、まるでないのね。
何だかわからない怪しいやつ、
たとえばボリス・ヴィアンみたいな生き方に憧れている。

292
アーティスト
田名網敬一――ひとりでできることを
ずっとやってればいいんだよ。
会社とかつくんないでね。

300
あとがき

ドロップアウトには様々な形がある。

反逆、逃亡、失踪、脱走、中退、脱退、退社、家出……

でも、スピリットはひとつだ。

自由に生きる——そのために、人は、家柄、階級、地位、会社、学校、街、業界、家庭、国、軍隊、時代の風潮といった一般社会を形成する価値観の拠り所からドロップアウトする。

『ドロップアウトのえらいひと』（1995年刊）より

まえがき

法は守らなければ厄介なことになるが、そうじゃない、世に決められたことから外れた生き方は、昔ほど白い眼で見られる時代ではなくなった。

というのも、様々な決めごとの上に成り立っている世そのものが根底からおかしくなってきているからだ。

毎日、ニュースを見ていれば、決めごとを強いる立場にある権威がことごとく失墜し、保身のために決めごとをゆるめたりする現実を知ることになる。

だからドロップアウトは、いまや少数派の生き方ではなく、現代の風潮になってしまったのかもしれない。その分、逆に厄介な事態になっているのではないだろうか。

つまり、ドロップアウトしたのはいいが、その先何をしていいのかサッパリわからないといったような。好きに生きればいいのだが、その好きが何だかわからないといったような。

それは人に教えられることではない。

だけど、ヒントは必要かもしれないな。

そう、ニュートンに万有引力の存在を教えたリンゴのような。

たぶん、先の『ドロップアウトのえらいひと』('95年刊)もこの続編も、そのリンゴのようなものだろう。

食べちゃってもいいんだけどね。

僕は、こういう人たちの力を信じたい。こういう人たちがもっともっと増えれば、自然に世も変わるのにと思う。

なお、この続編の「続」は、ドロップアウトからはじまる生き方が、続々と続いている事実を示すためにつけた。実際、今回の登場人物のうち多くの人たちが、うれしいことに『ドロップアウトのえらいひと』の熱心な読者でもあった。

2005年春　著者

〈クリームソーダ〉専属デザイナー

並木清次――僕は自分のことスゴいと思ったことは一度もない。自分のこと好きでもないし。だけど、自分のつくったものは好きです。

空海のような法力を持った人間でもないかぎり、人生が最初から思い通りいく人間なんていない。だけど、偶然がはたらいて、気がついてみたら、けっこう自分の人生、思い通りになっていたかなっていうことは多々ある。

その偶然も、しょっちゅうあるわけない。

一生に一度か、二度か。

日々の暮らしの中、ヒョンっておとずれる。それを逃したら、また全然ちがう道をうろうだ歩き続けることになる。

人生を決定づける偶然は、大ゲサな顔をしてやってこない。

まあ、ミッキーのハナシを聞いてくれ。

「そうなんですよ。僕が大学生で、19歳のときですよ。将来は教職の仕事にでもつこうと思って、学校通ってたんですけど、何かシックリいかない。で、バイトでもやって気でもまぎらわせようかなと思ったその日、学食で偶然親しかった先輩に会ったんですね。何か、バイトないですかって訊いたら、その先輩、原宿の〈キングコング〉で働いてて、そこのキッチンに入んなよっていってくれて。で、数日後店に行くことになったんですけど、よく考えてみたら、朝までの仕事だから学校に行けなくなる。やっぱり、断わろうって思って、そのつもりで〈キングコング〉に行ったら、店がすごい熱気で、店の人に、いいとこに来た、すぐキッチン入ってっていわれて、こっちは断わるヒマもなく、そのままカウンターの中に入って、いきなりキャベツ刻んでて、そのままその日から仕事はじめて、もう30年ですよ。25年前から〈クリームソーダ〉のデザイナーになって、結局わかったのは、僕にはここしかなかったってことですね」

ミッキーが偶然〈キングコング〉で働くようになったのは1974年、店は原宿にあった。〈キングコング〉は当時人気のロックンロール・スナック・バー。2年後に、やはり原宿に系列店のショップ〈クリームソーダ〉がオープン。ここもストリート系ファッションの先駆的ショップとして大当たりし、以後その世界に30年も君臨している。ミッキーは〈クリームソーダ〉の唯一の専属デザイナーとなり、いまもヒット作をつくり続けている。

それが、なぜ、思い通りの人生であったかというと、実はミッキーは子どもの頃に絵描きになる夢を持っていたからだ。

「親父が図案家だったんですね。いまでいうグラフィック・デザイナーですか。郵政省の〝ユウちゃん〟とかつくってた。だから生まれたときには、もう家の中に絵筆とか絵の具があって、2歳ぐらいでもう僕は絵を描きはじめてた。子どもの頃は絵ばっかり描いていて、大人になったら絵描きになろうと思ってた。ところが高校に入って、早くも挫折。というのもですね、僕のオジさんが絵描きで、親から、あのオジさんはゴハンも食べないで絵の具買ってたんだよって聞かされて、それは俺、無理だと。食えないのは嫌だって、そこであきらめたんですね」

それが高1のとき。

高2で、キャロルの衝撃をうける。テレビの若者番組『リヴ・ヤング』でデビューしたキャロルを偶然見て、「なんだー、コレ!!」とそのルックスとロックンロールに頭を吹き飛ばされた。だけど、その衝撃は、そのときだけのことで、ミッキーは「一瞬、かぶれましたけど」、キャロルのファンになることはなかった。

高校は玉川学園、エスカレーター式にそのまま大学に。先に書いたように、教員の資格をとろうと考えた。

が、気がついたら、〈キングコング〉で働いていた。入学から1週間目に大学をドロップアウト。店内の席を埋めるのは、キャロルやクールスR.C.のメンバーたち。他にも、まだ20代の若い、これから何かやりそうな連中。

「もう毎日がパーティーみたいに盛り上がってて、みんな夢を熱く語りあってる。夢しか話してないんですよ。スターになるとか、ファッションで成功するとか。なんか、ものすごいオーラが店全体にたぎってましたね」

原宿に続いて札幌にも出店した〈クリームソーダ〉の店長に21歳で就任。このとき、店の看板を描いたり、手描きのカタログをつくってコピーし、お客さんに配ったりした。

2年間札幌で働き、東京に戻り、社長の山崎眞行氏の「絵が好きなら、デザインやってみな」っていう思わぬ提言に気をよくし、ミッキーは〈クリームソーダ〉のデザイナーになった。

「それから、ドクロ・マークものをデザインしはじめたんですね。もう有頂天になって。毎日デザインする。ちょうど、その頃、うちの売り上げが原宿だけで1日1千万円っていう頃ですよ。1日で1千万です。つくってもつくっても売れる。もう毎日、寝ないでデザインしてる。何も考えないで、パッパッパッパッパ閃《ひらめ》くものを、絵を描くようにデザインしてく。子どもの頃、絵ばかり描いていたから、全然苦じゃない。考えちゃうとダメだし、僕は下積みも、デザインの勉強もまったくしてない。やってるうちに身につけていったんですね」

その一方で、ミッキーは、会社の倉庫にあった楽器を見て、「ミュージシャンやっても面白いかな」と、仲間を集めてロカビリー・バンドをはじめる。バンド名はブルー・エンジェル。なんとなく形になったら、ラッキーにもエピック・ソニーとの契約が決まり、ソウル＝ソウルのプロデュースやシンプリー・レッドのメンバーで世界的な成功をおさめた屋敷豪太のプロデュースでロンドン・レコーディング。アルバムはオリコン・チャートの6位にランキング。ロカビリー・バンドではナンバーワンになる。

「でも面白いかなって思って音楽やったんだけど、やってみたらそうでもなかった。僕の性格が向いてなかったんですかね。ダメでも何でも自分ひとりの責任っていうのが性に合ってるみたいで、やっぱり、ひとりでデザインしてる方がいいやって、もうそっちだけにしました」

ミッキーはおそらく世界でナンバーワンのストリート系ファッション・デザイナーだ。ドクロ・マークものは特に、膨大な、それこそ星の数ほどのデザインをしているが、それも他のメーカーのように記号にとどまらない。まるで葛飾北斎の絵のように、趣向を凝らし、表情豊かな、遊び心あふれたドクロ像を無限につくりだしてゆく。そこには子どもの奔放な想像力を見る。子どもの絵心が躍っている。

「まわりの人の僕に対するイメージでは、アイデアの元になるビジュアル本とかグッズとか、家にいっぱいコレクションしてるみたいに思われてるけど、僕の家には何もない。それの方がいいんです。ごくごくフツーの生活空間。何もない方がいいんです。で、家と店の行き帰り、バイクで1時間なんですけど、走ってるときって、神経集中してるから、ある種のトランス状態になって、そのとき、ポッとアイデアが生まれるんですね。

そのバイクもハーレーとかじゃなくて、フッーの250cc。僕、天邪鬼《あまのじゃく》なんですよ。人に思われたら、逆のことしたい。人の思い通りになってたまるかって、ね」

そんなミッキーのつくるファッションやグッズは、その昔はストレイ・キャッツ、クラッシュ、ジョニー・サンダース、ラモーンズらが買いにやって来たし、いまも、ブライアン・セッツァーやエアロスミスたちが来日の度に何十万円分も買ってゆく。

2004年の秋には、はじめてのフィギュアをデザインし、限定2千個が即日完売。次は4千個制作するという。他にも、つくるものは何でも、すぐに売り切れてしまう。

「ロック・スターが買いに来てくれたり、つくったものがヒットするのはうれしい。でも、もっとうれしいのは、うちの客で目の見えない若者がいて、いつもお母さんと一緒に来るんですよ。それで、一度、彼が僕のつくったものを店で全部手で触って選んでるところを見て、泣きたくなるほどうれしかった。なんか、ヴァイブ感じてくれるのかな。ずっとこの仕事やってて報われたと思いましたね。ブライアン・セッツァーやエアロスミスたちが来てくれるのは、それはそうだろ、カッコいいだろ、でもカッコいいってわかる君たちもカッコいいよっていう話で、それとは全然ちがう。彼が全部触ってくれて選んでくれる気持ちがうれしかった。いまはほとんど刺シュウものですしね」

それって、もしかしたら、目の見えない若者にとって、絵なんじゃないか。彼はミッキーのデザインしたドクロの刺シュウを、絵として、心の眼で見てるんじゃないか。スゴいことだよな。

「僕は自分のことスゴいと思ったことは一度もない。自分のこと好きでもないし。自分が嫌いなの。だからほめられると気持ちがわるい」

「そうなんだ!?」

「だけど、自分のつくったものは好きです」

フォト・ジャーナリスト

井賀 孝――まず、闘うわけです。するとコミュニケーションが速い。で、俺、写真も撮ってんだけどっていうと、好きに撮っていいよって、こっちも速い。

10代の頃、ボクシング・ジムに通っていた寺山修司は『書を捨てよ 町へ出よう』の1行目で、こういっている。

「速くなければいけない」

やはり、高校の3年間ボクシング・ジムに通っていた〝闘う写真家〟井賀孝は、「速くなきゃ」が口グセだ。

彼とは偶然出会った。場所は東京でも一等オシャレな青山の通りにあるデザイナーの事務所。彼はそこに売り込みに来た。たまたま僕がいて、作品を見ることになった。

ほとんどの写真がブラジリアン・バーリトゥードの練習風景。リオのジムで闘う格闘家たち。バーリトゥードは、ブラジリアン柔術、ルタ・リーブリ、ムエタイ、柔道、極真空手らすべてのジャンルを混合して生まれた究極の格闘技。総合格闘技のルーツといわれている。その闘いの練習に励む男たちを、彼は、呼吸をひとつにして撮っていた。写真から素早い速度で、肉体のドラマが伝わってきた。文字通り、見た瞬間、体がゾクゾク反応してるのを心が感じた。

テーブルをはさみ向かいに座る彼は、写真に写るブラジル人の男たちと同じ面魂《つらだましい》をしていた。写真家というより格闘家の、それだ。写真にも驚いたが、彼自身にもただならぬ〝男〟を感じた。こんな写真家と会うのははじめてのことだった。だから、出会ってすぐに再会した。ここにも速度がはたらいていた。

「何したらいいんだかわからなくなって、ニューヨークの道端に座ってたんです。そしたらでっかい黒人が俺に近づいてきて、1枚のチラシを差し出したんですね。それがブラジリアン柔術のジムの案内だった。その1枚のチラシがキッカケで、俺は格闘技の写真を撮るようになったんです」

すごい話だね。1997年のことだ。だがニューヨークからブラジルへと、格闘技を追う旅をするまでは、何かと「振っ切れない」人生を送っていた。経歴を追ってみる。

生まれは1970年、故郷は和歌山県和歌山市。子どもの頃、テレビで新日本プロレスのファンになった。ブルース・リーのファンにもなった。闘う人間に憧れた。15歳、高校1年のとき、家の近所にボクシングジムが市内から移ってきた。入門し、夢中になった。プロになる夢も抱いた。

「子どもの頃は意味なく喧嘩《けんか》もよくしたし、闘うのは好きだったんですね。何か、自分が夢中になれるものを探してたんですね。それが俺にとってボクシングだった。高校の3年間、毎日ボクシングがすべてでした」

その成果があって、近畿大会では2位に。

ボクシングにのめり込んだ高校の3年間はこれ以上ないという充実の日々だった。しかし、それほど簡単にプロへの道が開かれてはいない。親の希望もあって、アメリカのヒューロン大学の日本校に入学。大阪分校から東京分校に移り、'91年、上京。学校に通いながら目白のヨネクラジムでトレーニングに励む。プロ・テストを目指したが、心に迷いが生じてくる。プロ・ボクサーの道に突き進めない。

その道をあきらめる。だけど、何か別の、自分が高校生のとき知った、あの充実感、心に迷いなく夢中になれるものは他にないか、彼は探しはじめ、カメラが閃《ひらめ》く。

グローブの代わりに、手にカメラ……。

「写真って速いんじゃないか、と。シャッターを押せば写る。しかもカメラ1台首からぶら下げていれば、戦地行こうと、どこ行こうと形にしてこれる。その速さが俺には合ってるなって、フォト・ジャーナリストになろうって思ったんですね」

といっても、写真の専門学校に通うわけでもない。プロ・カメラマンに師事するわけでもない。我流で撮りはじめる。仕事はもっぱら肉体労働らのバイト。すぐに行きづまり、ニューヨークに。写真修業のつもりだったが、そこでも、行きづまる。

「自分の撮りたいものが見つからなかった。そうなると、東京にいてもNYにいても同じなんですよ」

そして、NY滞在1カ月目、路上で1枚のチラシと出会う。ブラジリアン柔術ジムの案内。心が動く。格闘技のことは、日本でもパンクラスが旗揚げし、少しは知っていた。ジムをのぞいてみた。だが打撃系が好きだった彼には寝技系は見ていて物足りない。

「殴っちゃった方が速えんじゃねえのって、最初見てたんですね。そのうちぶつくさいってるよりやった方が速いって入門して、3カ月目に実感した。コレは、リアルにすごい。タックルで倒されて先生にボコボコにされそうになった。ボクシングなんか通用しない。身にしみて、強さを知った。それから真剣にトレーニングするようになり、写真も撮りはじめたんです」

アメリカで武者修行のような生活がはじまる。ズダ袋に練習着とカメラを入れて、バスや列車でアメリカ放浪。デトロイト、ロス、ニューオーリンズ……街に着けばジムに行ってスパーリング。

「まず、闘うわけです。そうすると、オッ、おマエ、やるじゃんってコミュニケーションが速い。で、俺、写真も撮ってんだけどっていうと、好きに撮っていいよって、こっちも速い。まず闘って、次に撮る。どっちも速いでしょ」

そうやって、格闘技を主にしたアメリカの写真が自然にたまっていった。帰国し日本の雑誌社に売り込みをはじめたら、いくつも仕事が決まった。格闘技が日本でもブームになっていった頃で、彼は自信を持つ。

そこで、本場ブラジルに行こう。ブラジルの格闘技はまだ誰もカメラマンが撮ってない。まだ世に出てない。俺が最初にやろう、と彼は決意する。といってても何のツテもない。ただ会いたい選手が１人いた。第４代修斗ライト級チャンピオンのアレッシャンドリ・フランカ・ノゲイラ。

彼は、もう迷わず、リオに行った。2001年のことだ。リオに着いて、格闘技雑誌の編集部に電話。「ノゲイラに会いたいんだけど、連絡先を教えてくれ」と訊くと、簡単に教えてくれた。翌日にはノゲイラのアパートメントを訪ね、すぐに意気投合し、2カ月間居《い》候《そうろう》させてもらった。

その生活の中で、彼は、まだ格闘家精神に純潔さが守られていたブラジリアン・バーリトゥードのジムに通って、闘い、そして、「もう心に何の迷いもなく、完全に振っ切って、写真を撮っていったんです」。

あの高校3年間の充実と、カメラに求めた同じような充実が、ブラジルでひとつになってスパークしたのだ。その日々の写真が、迫真のルポとともに1冊の本になった。それは井賀孝〔写真・文〕『ブラジリアン・バーリトゥード』(情報センター出版局)。

本の後書きをノゲイラが寄せている。

これが、また、美しい。

タカシと過ごした2カ月間は、とても充実した日々でした。毎日のようにいろいろなアカデミーへ出向き、ともに練習し、食べ、遊びました。彼はサブミッションが得意で、とにかくクイック。だから彼とのスパーリングは、わたしにとって、いつも楽しい一時でした。また、彼はどこへ行くにもカメラを持ち歩いていましたが、「パシャパシャ!」とシャッターを切る姿はアグレッシブで、そのファイト・スタイルによく似ていたことを想い出します。

な、ノゲイラも彼のことを「とにかくクイック」と讃《たた》えてるだろ。モタモタしてちゃ、何もできない。

追記

しばらく音沙汰《おとさた》のなかった井賀クンから5月9日、突然FAXがあった。「ご無沙汰してます。3月の末から1カ月ほど、写真集の制作と『Number』の取材のためにブラジルに行ってきました。そのときの写真・記事が、いま出ている『Number』に出てるのでよかったら見てください。ちなみに表紙は森永さんが好きなシウバです。僕が撮影してます」

絵師

早乙女道春

——すげえと思ったものには素直に反応してきただけです。

絵師・早乙女クンのことを書こうと思って、連絡をした。もう13年のつきあい。出会いは西麻布の夜明けの路上。いまはすっかり廃《すた》れてしまったが、通称ウォール・ビル。いっときは白人野郎のストリップに日本人のババアが群がってたJ・メンズ・バーで盛り上がってた地下は13年前、〈ウォナダンス〉という最新のクラブだった。そこで踊りつかれて夜明けに表に出たら、早乙女クンが作品のファイルを持って立っていた。誰かアートディレクターかエディターに売り込もうとしてたのだ。

すごくないか、この意気込み。出版社や事務所を訪ねてくのがフツーで、路上で売り込みするなんて、ファイルで見たジャズ・イラストレーションもすごかったけど、僕は何よりも、その売り込みの大胆不敵さに惚れてしまい、そのときから、組んで仕事をするようになった。

仕事で一緒に日本を旅したり、北京に行ったり、クラブ・イベントをやったり、プライベートで夜の街を遊びまわったり、話す機会が多いので色々と彼の話を聞いているのだが、この際、ちゃんと訊いてみようと、連絡した。

「ゴッホ展、見に行こうよ」と誘ったら、すぐに車で飛んできた。会場の東京国立近代美術館のある竹橋に向かう車の中で、ゴッホについて僕らは話しあった。僕は、展覧会のことを本屋でもらったしおりで知った。しおりには〝街角のカフェ〟というゴッホらしからぬストリートの絵が印刷されていて、その絵をひと目見て好きになってしまったのだ。

僕は、その絵の話をした。

「すごくない、あの絵、ストリートの光景描いてるんだよ。あの時代には斬新だったんじゃない？」

「そうです。他に、僕は〝ビリヤード台のある部屋〟っていう絵が好きなんですけど、そんなの描く人なんて他にいなかった。あの時代って、西洋は描かなきゃいけないものって決められてたんですよ。それってキリスト教や王様に決められてたんですけど。一種の権威です」

「好きに描けなかったわけね」

「決まりごとの中で描いてて、そういうの知ってくと、つまんねー世界だなって思っちゃって。全然、自由じゃないし」

「じゃあ、そのゴッホの〝街角のカフェ〟なんてもうとんでもないわけね。〝ビリヤード台のある部屋〟とかも。もうパンクみたいなもんか」

「ゴッホは正式に美術の教育受けてないからさ、その決まりごとに反抗してたんじゃないかな。つまんねえなみたいに。いいじゃん描きたいもの描いたってって」

と、まぁ、こんな感じでゴッホについて語ってたんだけど、早乙女クンも全然決まりごとの中におさまってない。

僕がオーガナイズしてる〈レッドシューズ〉の〝第3土ヨー日〟では、毎回バンドのビートに乗って、その場でロッカーやネエちゃんをアクティブに速描。大ウケしてる。絵のスタイルも、その都度、色々変化する。旅の仕事では、美しい水彩画になったり、音楽雑誌ではインタビューの最中に、かのロックスターをペン1本で素描したり。

花村萬月の時代小説のさし絵、佐藤雅彦の小説ではタメでコラボレートし1冊の単行本『砂浜』に、齋藤考とも最近タメ組みして中国の古代詩をテーマにした絵本『国破れて山河あり』を制作……そのどれもが微妙にスタイルがちがう。そんな絵描きは現代では稀《まれ》だ。みんなイラストレーターは、スタイルをひとつに統一して商売をするのが常識。でもさ、絵とか音楽なんて、一番自由であっていいものなんだよな。遊んでいいものなんだよな。

早乙女クンが絵に目覚めたのは3歳のとき。人より早い。家は、東京は荻窪の米屋。長男だから家業を継がなきゃいけなかった。だけど、3歳で絵に目覚めた。それは親が与えてくれたレコード付き絵本。話は『三匹の子豚』『アラジンの魔法のランプ』『人魚姫』等。レコードは声優による科白《せりふ》、音楽でミュージカル仕立て。

「ものすごく快感があって、絵見て音聴いてると夢心地になって気持ちよく寝ちゃう。子ども心に遠くへ旅した気分になって。いまでも、その快感が体に残ってて、それだけで絵を描いてる感じです」

そう、大事なのは快感なんだよ。

10代には早乙女クンは車にはまった。18歳でいすゞのベレットGTを中古で買った。

ファッションはアイビー。車でもよく遊んだ。とくに自動車レース。横田の米軍基地の車好きの将校が主催するレースに毎月参加し飛ばしてた。

「それも絵とは別ものの快感なんですよ」

将来何かになろうとは考えてなかった。絵は好きで描いていたが、それで身を立てられるとは思えなかった。やっぱり家業を継ぐのかなと漠然と思いながら、ガソリン・スタンドでバイトして、とりあえず私立大学の夜間部に籍を置いていた。そして毎晩のように六本木、西麻布で遊んでいた。不良をやってたわけだ。

ある日、遊び仲間から〈セツ・モード・セミナー〉というアート・スクールの存在を教えてもらう。そこは'60年代からあるイラストレーターの養成所。そこで好きな絵を勉強してみようと思った。その話を両親にしたら、モーレツな反対にあったが、押し切って入学した。

そこで校長の長沢節に会った。

ひと目見て、「なんだ!? この人、すげえーって、その瞬間、自分のゆく道が決まったんですね」。

長沢節は会津の出身。若い頃は無頼派作家の織田作之助とも交友し、安保の時代には反体制活動の闘士でもあった。'60年代には自らもモード・セミナーの生徒の男の子たちにもミニ・スカートをはかせ世間を驚かすようなハプニングを仕掛けたりしていた。〈セツ・モード・セミナー〉からはたくさんのイラストレーター、ファッション・デザイナー、スタイリスト、ミュージシャンが世に出て成功をおさめていった。

早乙女クンは長沢節が日頃いうことにショックをおぼえた。それは、たとえば、

「男らしさとか女らしさとかそんなものないんだよ」

ということだったり。

早乙女クンは街で不良してると、先輩からしょっちゅう、「男ってもんはよー」って説教されていた。だけど、先生の長沢節は、そんなものないんだっていう。

そっちの方が正しい気がした。決めごとなんてないんだ。そうわかって、早乙女クンは街で不良するのをやめて、はじめて絵を勉強しはじめた。絵に心を開いていった。

1985年、20歳のときだった。

早乙女クンの作風の自由さは、そこからきている。

絵を描くことで、思いもしなかった世界の扉が開かれていった。

たとえば、ジャズ。

誰よりもリアルにジャズ・ミュージシャンのポートレートを描く自信はあった。『スイング・ジャーナル』に作品を発表するようになって、もう十数年たつ。

あるとき、奇蹟が起こった。

'95年のこと、〈ブルーノート〉にジャッキー・マクリーンのライブを観に行った。写真撮影は禁止されていたが、スケッチは自由だった。ライブの最中、ステージの一番前の席でミュージシャンをずっとスケッチしていた。仕事ではなく、音楽に絵でセッションしてる気分だった。絵もプレイだ。

ライブが終わると、ミュージシャンたちがステージを下り、興味深々、早乙女クンの席にやってきた。スケッチ・ブックの絵に彼らは歓声を上げた。中でもジャッキー・マクリーンの弟子でトロンボーンの名プレイヤーのスティーブ・デービスが一番、絵を喜んだ。絵だけでなく、絵描きの早乙女クンにも関心を示した。一瞬で気持ちが通じ合っていた。仲間になっていた。

早乙女クンはスティーブに絵を2点プレゼントした。それから、年に1、2回は来日公演に来るスティーブと、1歳ちがいということもあって大の親友になっていった。東京では、お互い野球が好きだったんで、神宮球場のバッティング・センターにバットを振りに行った。

親しくなって5年目、スティーブから早乙女クンに連絡が入った。ツアーの仕事をやってるうちにマイルがたまったんで、キミとワイフをアメリカに招待するよという話だった。ここにきて、友情は本物だ。早乙女夫妻はよろこんで招待をうけ、ニューヨーク1週間、スティーブの故郷コネチカット5日間の旅に出た。

いまもふたりは大の親友だ。そして、友情は『ポートレート・イン・ジャズ』という1枚のアルバムに結実。それはスティーブのリーダー・アルバムだ。

「〈ブルーノート〉で描いた彼のポートレートを2点あげたんですね。出会ったとき。その僕の絵からインスパイアされて、『ポートレート・イン・ジャズ』というアルバムを彼がつくったんです。アルバムに、スティーブがそう明記してます」

それによって世界中のたくさんのジャズ・ファンが早乙女クンの絵を眼にし、いまは新しいアルバムのために、今度はスティーブからのオーダーで風景画を描いている。

米屋の伜《せがれ》は、絵なんぞに現《うつつ》を抜かし家業を継がなかったけど、腹には米、だけど魂には絵と、根本を生きてるような気がするけどな。

「ええ、すげえと思ったものには素直に反応してきただけですね」

自由人／〈A-Works〉代表／〈アイランドプロジェクト〉代表

高橋　歩――

おめえ、この胸のときめきがきたってことは、もうそれだけでOKなんだよ。

「ぶっちゃけ……」というのが彼の口グセだ。たとえば、こんなカンジだ。

「6年前だっけ、店もうまくいってて、本もベストセラー連発して、出版社もうまくいってたのに、なんで、全部やめて世界旅行に行ってしまったの?」と僕が訊く。

「ぶっちゃけ、やっぱり、東京でちょっとうんざりしてるところあって。高橋歩、店やって、本出してみたいなところに」

彼は答える。続けて、僕は訊く。

「人気者になって、いつの間にか虚像化されちゃってたみたいな?」

「そうそう。何かよくわかんなくなってきて、ぶっちゃけ、嫌気もあって。それで結婚したばかりの彼女とふたりで旅に出ちゃったんですけどね。そこからはじまる自分みたいな」

まぁ、こんなカンジなんだけど、わかりやすくいえば、「ぶっちゃけ」は「正直な話」「正直なところ」を意味する街コトバだ。彼の気質を、この口グセがよくあらわしてる。

まぁ、その「ぶっちゃけ」話を続けてみよう。

「でさ、その旅の果てに沖縄に住みついたわけだけど、最初から、そのつもりだったの？」

「旅してる最中に、いーとこあったら住もうと思ってて。行く前にみんなに、俺、モンゴルで遊牧民になるかもしれないし、フランスでワイナリーはじめるかもしれないしっていって出て行ったんですよ」

「それは、永住するつもりだったの？」

「一生住むかはわかんないけど、一応ちゃんと家はかまえてって思ってて」

「で、住みたいとこはなかったんだ？」

「僕は住みたいとこけっこうあったんですよ。だけど妻の方がいますぐっていうのはどうかなって思ってるなっていうのが、口にしなくても感じとれて。それなら無理に住むこともねえかって。だってふたりがハッピーになんなきゃつまんないし」

「で、1年8カ月の旅を終えて、どーしようと思ったわけ？」

「ぶっちゃけ、どーする、俺たちふたり金もなくなってきて、とりあえずどこか住むとこ決めて仕事をはじめねえと死ぬぞみたいなカンジで。それでバイクで日本まわって」

「しかし、よくまあ、何のアテもなく行くね」

「まずは行ってみよーって。北に行って、南に下っていって。嗅覚はたらかせて、勘で決めようって。何か事前に情報チェックするより、それ信じて行動してった方がスッキリするっちゅうか」

「犬だね」

「ハッハッハッハッ、そうかもしれない」

「鼻きかせて」

「そこに、すごく自分を信頼してるとこあるんですね。なんか、ほら、ナニナニがこうだからここに住もうって考えたとして、もしそのデータが間違ってた場合、どーすんのって」

「だいだいデータなんて、どっからきてるかわかんないもん。それで沖縄に流れ着いたんだ？」

「最初1週間ぐらいは、ぶっちゃけ、いまいちピンとこなかった。まだブームにもなってない頃だったし。でも、もうどこか住むとこ決めなきゃってとこまできてたし、とりあえず沖縄住むかみたいな。あと、フィリピンのスールー海の島で見た自給自足の生活が心にひっかかってたし」

「じゃあ、そのときはまだ島プロの構想はなかったのね？」

「なかった。やりたいなーっていう気持ちはあったけど」

「そうすると、世界放浪、日本放浪をした果てに、地球の中で沖縄を選んだわけね？」

「完全に、そうです。どこでも住もうと思えば住めたわけだから」

「で、何をやろうとしたの、最初？」

「ぶっちゃけ、けっこう切羽つまってて、金なくてやべえなって思ってて。で、友だちに金借りて、まず住むとこ借りて。ホント、旅で金全部使っちゃったんですよ。最後の方は、牛乳もカードで買ってたし。まぁ、極端な話、スーパーにでもつとめようかって思ってた。俺、けっこうそういうの嫌いじゃないっていうか、面白そうじゃん。3カ月で主任になってやるぞってやってみたりするの。だけど、やっぱ、アジトつくろうって思って。

旅しているとき、オーストラリアの東海岸のバイロンベイってとこで見た〈アップルカフェ〉だったかな。そこは下がカフェ・バーで、ライブラリーみたいにでっかかったんだけど、上が宿になってる。そこ、カッコいいって通ってて、あー、こんなのやりたいなーって思ってて。そんなカンジのアジトつくりてぇーって。だからライブでもできて、飲めて、食べれて泊まれるっていう。で、海が目の前で、何でもありのでっかい箱みたいな。

金はなかったんだけど、使ってない倉庫なら安く借りられるだろうと思って探してたら、ここ見つけて。

（ちなみに、そのアジトとなった読谷村《よみたんそん》の〈Beach 69 House〉のガーデンでインタビューをしている）

白いブロックの素っ気ない建物で、まわりは草ぼうぼう。廃墟みたくて。そこ借りてアジトつくりはじめたんですね。最初はダイスケっていって、20歳のとき一緒にバーをはじめたやつとふたりだけ。そいつは1年間だけ手伝うよって沖縄に来て、いまは沖縄でレコード会社やってます。でも、ぶっちゃけ、僕らは何もできない。だからといって、業者に内装たのんだら、金かかるから、それはできない。そこで、ホームページつくってボランティアを募集した。寝るとこと酒はおごるからって、酒は1升900円だから、何かできるやつ募集って書いたら、全国から何十人も来て」

「ここに寝泊まりしたんだ？」

「そう。建物からあふれたらテント外に張って。それでみんなそれぞれ大工ができる人とかいろんな人がいて、それでなんとなくこんな風にでき上がって。すごいうけたんですよ。建築業界誌が来たんですよ。で、『デザイナーはどなたですか？』って聞かれて、『いないんです。強いていえば300人ぐらいで、みんなでつくったんです』って答えたけど、ホント、コラージュみたいなもんです。

根本の核になることは僕が考えるっていうか。それも、みんなにボブ・マーリィ聴かせて、こんな曲が合う空間にして、みたいな。それが核っていうか。そういって、すぐわかるやつが仕切ってくれて形になっていったみたいな。だから、思うんですけど、何かいろんなことやってくときに、自分の核っていうか、根っこにあるものに正直になる、それを守っていけば絶対ハッピーなカンジになる。それが、たとえば、いまでもベンチャー・キャピタルみたいのが来て、歩クン、3年がんばってくれれば何十億のビジネスになるみたいな、いろんな話がきたときに、その核がNO!NO!NO!っていってるんですよね。じゃあ、やめたみたいな」

「アタマで考えていくようなことじゃないんだね?」

「沖縄に住むって決めたのも、その核のところがピーンときた。そいで、なんかこっちだなーって。俺、ずーっとその調子っていうか、なんか変なわけのわかんねえビジネスのりの世界に持っていかれても困っちゃうみたいな。おめえ、この胸のときめきがきたってことは、もうそれだけでOKなんだよっていう、もう、ずっとそののりできてる」

「その胸のときめきが一番最初にきたのはいつ?」

「小学校2年。俺、高輪のでっかい団地に住んでたんですけども、縁日に行ってヒヨコ買ってきたんですよ。そこで団地の友だちと、3、4人で、これをニワトリまで育てたらすごくねえかってことになって。そこからはいまと同じで俺が戦略練って。要するに親にバレたらやばいわけですから、用務員のおじさん口説いて、用務員室で育てようと。話したら用務員のおじさん、OKしてくれて。そのあとローテーションで曜日決めて、夕御飯をポケットに入れて、友だちんちに行ってくるって用務員室に持って行ってエサをあげてっていうのを1年半続けたら、ニワトリに育って、そのニワトリに団地パレードさせたときは、ぶっちゃけ、超カンドーした。子ども心に。それと、いまも同じ感じでやってんですね。みんなで何かやろーって盛り上がって、じゃあ、俺が作戦立てて、やってく中でももちろん失敗もあるけど、盛り上がったときの空気のままでゴール・インするみたいな」

「最初からニワトリ揃えちゃうんじゃなくてね」

「たとえば、高校野球の話だと、最初からPL（学園）入れたとしても、そっちじゃなくて、あえて野球部のない高校に入って、野球部つくって、チラシとかまいて、で、よくわかんなくて何人か入ってきて。セカンド、女の子とかで、1年目は超ヨワイのに、3年目の夏にはPLに勝っちゃう。俺、そういうことがしたい、ぶっちゃけ。島プロジェクトも、そうです」

そんなカンジの「ぶっちゃけ」話が、たえず笑いに包まれ、ときに、犬の声の間《あい》の手も入って、〈Beach 69 House〉で2時間ほど続いた。そのあと、陽が暮れたので庭からカフェに移り、また話し続けたが、リビング・フロアーの飾り棚に並べられた水パイプのガラス容器が目に入った。アレ、どうしたのって聞くと、エジプト土産だと彼がいう。

「あれにね、水じゃなくてね、ブランデー入れて煙草吸うとうまいんだよ」

と教えてあげると、エーッ、そーなんだと、目を輝かせ、バーテンにブランデーを用意させてさっそく彼は試し吸いをはじめた。そして、「うめー」と声を上げた。

僕は、その声を聞いて、爆笑した。

本物だ、高橋歩は。


島プロジェクトは沖縄の島を予定地に着々と進行している。

それは、

僕らは、愛する沖縄の小さな島に、アイランドビレッジを創ります。

そのアイランドビレッジとは……

衣食住＋エネルギーを自給自足する暮らしをしながら、生きることの素晴らしさを堪能できる自然学校を開校したり、世界中から創造人の集まるアーティスト村を創ったり、最高のカフェ＆レストランや宿泊用のコテージを運営したり、世界中の島々の雑貨が集まる市場を開いたり、大人が本気で遊べるアドベンチャーツアーを開催したり、珊瑚《さんご》の保護・養殖活動をしたり……

そんなＰｅａｃｅな空間を創っていきたいと考えています。

多様なものが、多様なままで。

高橋歩と仲間たちは、今年の1月から3月までは離島に渡り、砂糖キビを刈る畑仕事に従事している。

気持ちのいい汗を、太陽の下で流している。

「ぶっちゃけ」を思い切り生きている。

釣り人／〈ボルボーゴス〉代表

奥原悠一 —— いまちょっと待ってろ。いつか好きに旅ができる時間と金をおまえに与えるから。いまは俺に店をやらせてくれ。

ユーイチのケイタイがずっと不通になっている。いまどこにいるんだろう。先日、青山の〈スタバ〉で真っ昼間に会ったときには、その日の夕方には沖縄に行くっていっていた。沖縄ならケイタイが通じるはずなのに。高橋歩らと進めている島プロジェクトのために、無人島にでも行ってるのか。

沖縄にいるのかと思ったら、東京にいて、東京で連絡がつかなくなったら、ニューヨークにいて、もうそろそろ帰ってくる頃だと思ってたら、社員約20人抱える彼の会社〈ボルボーゴス〉のある広島に戻っていたり……ここのところユーイチは神出鬼没的に動いている。

彼は何者か？　去年、沖縄で出会ったときにもらった名刺には、釣り人　奥原悠一と記されていた。シャレなのかマジなのか。釣りは子どもの頃から好きだったという。そのへんから話をはじめよう。

彼は1972年、広島県の呉《くれ》市に生まれた。

「うちのじいちゃんが釣りが好きで、よく連れられて海に釣りに行ってたんですね。小学生の頃なんか毎日、学校から帰ったらそのまま釣りに行ってました」

釣りがすべてというくらいにはまった。海も自然と好きになっていった。瀬戸内の海で子どもは静けさにひたった。その一方で、鉄砲水で増水した川に崖の上から飛び込んだり、無鉄砲野郎の性格も強かった。

「思い立ったらすぐやる。いまだに、俺、まわりからいわれるんだけど、ユーイチが一番最初にそういうのやるよって。で、うちのオヤジがすごい面白い喩《たと》え話して。俺、兄弟3人なんですよ。一番下の弟は9年前にバイクの事故で亡くなったんですけど、3人兄弟の性格をオヤジが喩えていったのは、何にもない砂漠を歩いてて、1リットルの水を持ってました。その水の飲み方が3人各々ちがう。俺は喉が渇いたと思ったら一気に飲み干すタイプ。2番目の弟はすごく慎重。先のこと考えて少しずつ飲んでゆく。3番目は我慢に我慢して最後まで一滴も口にしない。当たってるかなって思って」

高校、大学終えて、まずは世界一周旅行に出てみようと思った。そのための金は、割のいい契約社員の仕事などでこしらえた。その旅行から広島に戻ったら、店をやろうと計画していた。かまぼこ屋だったおじいちゃんのおかげで、子どもの頃から市場で仕入れてきた旨《うま》い魚を食っていた。食うことが好きだった。酒も好きだった。だから自分には店が向いてるかなと思っていた。

25歳。世界旅行に出ようとしてた矢先、突然、店の話がふってわいてきた。旅か店か、悩んだ。だけど、店をとった。そのとき、自分と約束した。「いまちょっと待ってろ。いつか好きに旅ができる時間と金をおまえに与えるから。いまは俺に店をやらせてくれ」と。

でも、店をやろうと決めて動きだしたら、「なんだ水商売やるのか」って両親やまわりに反対された。なんせ素人である。プロがやってもリスキーなのに、いったい何を考えてるんだと、まわりの冷ややかな眼。それでも弟や友人が話に乗ってくれて、内装はみんなで手づくり、「俺、ワイン好きだったんで、くつろげるワイン・バーにしようと。その当時、1998年ですけど、広島市内にはソファーがあるリビング・スタイルのバーってなかった。だから、ソファーでワイン飲んでくつろいで、隣にカワイコちゃんがいいかなーって気分で」、〈ブルーグロッソ〉をつくった。それは海好きのユーイチらしい、深海のイメージを「青の集合体」という意味の店名にして空間も演出。青一色の店だ。外もブルーのライトで正面を照らした。

一カ月目に矢沢永吉がお客さんで入って来た。知り合いではない。ユーイチが恐縮して、「どういう経緯でお越しになったんですか」と尋ねたら、「ブルーのライトに誘われて」ということだった。

思い立ったらすぐやる性格からワイン・バーが生まれた。じゃあ子どもの頃からの釣りの方はどうなってしまったんだろう。

「最初はお店だけですよ。だけど店が軌道に乗りはじめたら、やっぱり、釣りがやりたくなった。そうなると、朝までバーに立って働いて、終わってから、時々そのまま船で海に出て夕方まで釣り。で、釣った魚持って店行って、魚は料理して店で出してたんですけどね。俺、釣りうまいですから、釣れるわけですよ。でも寝ないで働いているから眠いでしょ。大変ですよ。従業員の手前、シャキッとしてなきゃなんないし。それで、なんとか釣りを正当化しようと思いついたのが、魚を食べさす和食屋。それだと、仕入れという名目で、俺は毎日釣りに行けるわって。で、2軒目の和食屋をつくって、そのとき名刺に〝釣り人〟って肩書つけたんですね」

要は毎日海に出て釣りをしたかった。それくらい釣りと海がユーイチの心をとらえていた。港には仲のよい船頭が8人いた。釣り仲間はみんな定年退職をした年輩者。ユーイチは一番若く、他に若者なんていない。

「釣りしてるときはすごく幸せな時間ですね。釣り糸垂れて、糸一本で海と会話できるっていうか、瀬戸内海は日本海とちがって海が穏やかで空気もフラットでしょ。冬がまたすごい。太陽が昇る前の瀬戸内海。外気が冷え込んで、海水があったかい。すると、海水から湯気がたちのぼって、水面に雲みたいに広がっていって。その中を船がゆくわけです。太陽が昇ると、雲がキラキラ光りはじめ、そのとき釣り糸を垂らすんですね。釣りでは集中力を学びました。ほとんど会話がなくて竿《さお》の先の一点を見つめてるだけ。あと言葉ではなかなか伝え切れないんですけど、あの海の水の圧倒感。釣り糸垂らすと、海の深さってわかるでしょ。その量!!　この水に地球はすべておおわれてるんだって、そこにすごいパワーを感じますね」

和食屋をオープンしたのはいいが、最初の4カ月間は壮絶な日々だった。夕方6時に店をオープンし、仕事は朝5時まで。1日の休みもない。5時に店を終えたらそのまま車飛ばして海に行って船で釣りに出る。そのくり返し。1週間の睡眠時間が10時間を切っていた。

「ちょっといっちゃってるねぇ」とあきれると、ユーイチは、「ちょっとどころじゃないですね。相当いっちゃってました。俺のクローンがいるっていわれてましたから。でも、海の上にいるとき、多分、脳が睡眠状態と同じになってたのかなって。そうじゃなきゃ、フツーじゃありえないことです、4カ月毎日でしたから」。

4カ月後からは釣りだけに没頭。ユーイチの釣りの腕前は達人級。ときに佐賀ノ関まで船で遠征。そこで東京だと店で軽く1本1万円はする関サバを30本も釣り上げる。釣った魚はクーラーボックスに入れて、夕方、自分の店に届ける。それで仕事は終わり。

「で、夜は毎晩別の女の子とデートしてね。昼は大好きな釣りして。最高の生活だったんですけど、2カ月たった頃、あっ、俺このままじゃダメになるわって思いだして。30手前にして変な話、月に店から何百万も入ってくるわけじゃないですか」

「贅沢《ぜいたく》な話じゃない？」

「そうなんですけど、やっぱり、刺激が欲しいと思ったんですね。で、何か新しくやるっていっても自分の場合は店だな、と。それで、俺はやっぱり海と太陽が好きだから、3軒目の店は地中海のイメージがよさそうだなって、そういうインテリアにしたんですけど」

ここもうまくいった。ユーイチは25歳からはじめて5年で広島に3軒の店を出し、すっかりそのビジネスのプロになっていた。

2001年の夏、沖縄に社員旅行に出かけた。ウワサに聞いていた〈Beach 69 House〉に泊まり、そこのバーで高橋歩と出会った。彼の存在はユーイチにとって強烈な刺激だった。

およそ次のような高橋歩の経歴をユーイチは知る。

1972年、東京生まれ。20歳のとき、大学を中退して、借金だらけでアメリカン・バー〈ロックウェルズ〉を開店。これが成功し、その後2年で4店舗にまで増やし、借金はすべて返済。23歳のとき、自伝を出版したくなり、出版社とのやりとりなんてメンドーだから、自分でつくってしまえってことで、これまた借金だらけで仲間と〈サンクチュアリ出版〉を設立。自伝『毎日が冒険』を本当に出版し、仲間みんなで全国の書店をまわり、ベストセラーにしてしまう。26歳で結婚し、店も出版社も一度捨て、2年間ふたりで世界中を放浪。帰国後出版した本はまたベストセラーに。２０００年、沖縄に移り住み、集まってきた仲間と前述のカフェバー&宿〈Ｂｅａｃｈ 69 Ｈｏｕｓｅ〉開店。その店をアジトに〈島プロジェクト〉を展開。

一夜にして意気投合。同じ年齢なのに、すでにもう何軒も店をやり、出版社も立ち上げ、世界一周旅行もすませ、沖縄で新しいプロジェクトを進めてる、そのスケールのでかさに圧倒される。結局、数カ月後には、ユーイチは島プロジェクトの飲食部門のプロデューサーに就任。

この沖縄旅行と同じ年の年末、東京から来ていたＫクンとも親しくなる。Ｋクンはそのとき佐川急便で働いていた。広島と東京、ふたりのつきあいがはじまる。そのうち、Ｋクンは佐川急便をやめてプータローに。広島に来たとき、つけ麺屋でつけ麺を食いながら、Ｋクンの先のことの相談にのっていた。ユーイチは思いつきで、コレやる？って、つけ麺屋を提案。東京でやれば当たる気がした。

「２００２年、東京出店を誓う」とパソコンの日記に書き込み、Ｋクンと広島でつけ麺の試作開始。広島の店のキッチンに営業時間外に籠《こも》った。

「おいしいのできなかったら、俺、店出さねえって宣言してましたから」

1年かけて完成。2003年11月、Kクンが店長になって四谷につけ麺屋〈ぶちうま〉をオープン。ぶちうまとは広島弁でめちゃうまのこと。これも当たった。すぐに行列ができ、マスコミにも取り上げられ、早い日だとオープンしてわずか1時間半で、その日の分は売り切れ。

「企業からいくつもフランチャイズの話をいただいてますけど、いまは全部断ってます。でも、そのうち東京を制覇しようとは思ってますけど」

すべてがトントン拍子でうまく運んでゆく。

高橋歩と出会ったことによって、沖縄の島プロジェクト以外にも、世界にバックパッカーの拠点をつくろうと、いま東京とニューヨークで動いている。それは、宿泊もできる店づくりだ。

ユーイチはそのために去年12月、ニューヨークに行き、偶然にも、ジャン・ミッシェル・バスキアのアトリエ兼自宅だったマンションを紹介され、そこをオフィスとして借りる話をつけてきた。

そうか、そうか、そういうことだったんだ。名刺に釣り人ってあるのは、釣り糸を〝世界〟に垂らすってことなんだ。きっといろんなものが釣れるんだろうな。

「そのバスキアの話も、引きがあるなと思って。動けば動くほどいろんなものがつながってきますね。で、いまは仕事でニューヨークにも行くようになって、ハワイ島でブルーマリンを釣ったり、あのとき、最初に店出すとき、自分と交わした約束はちゃんと果たしてる。それは好きにできる時間と金を釣り上げたからですね。その両方があって、素晴らしいところへ行けるようになったわけです」

ユーイチは、釣り人。

そして、〈ボルボーゴス〉という会社のボス。〝ボルボーゴス〟とはモルジブのスラングで、〝大バカ野郎の集まり〟。

「文字通り、俺は大バカ野郎の集まりのボスだから、やっぱりバカに生きようかなって思ってますけど」

といい残して、音信不通のどこかへと消えていった。

DJ／トランペッター／アーティスト

こだま和文

――人から将来どうするんだっていわれると、僕は東京に行くって答えてた。「何するの？」「音楽やるんです」、そう決めてた。

「レゲエは本質を作る。レゲエは本質なんだよ。本質は教科書になるだろ」こだま和文（２００４年８月『スタジオボイス』）

日本で最初のダブ・バンド〈ミュートビート〉を解散し、１９９０年からこだまクンはソロ活動を開始。現在までに８枚のアルバムを発表。２００４年には版画と水彩画による個展『心のかけら展』開催。現在は〝ダブ・ステーション〟という名のもと、ターンテーブルＤＪとこだま君のダブトランペットにより、ヒップホップ・サウンドシステム型のライブを展開している。

〈ミュートビート〉の結成は'82年。

異端の道で、早や、20数年。

小玉がこだまに変わったくらい。

ダブは、電気仕掛けのこだま（木霊）だもんな。


登場からしてアウトサイダーだった。〈ミュートビート〉はヴォーカルなしのインスト・バンド。ジャズじゃなくて、ロック系。

インタビューを受けると、「バンドなのに、どうしてヴォーカリストがいないのですか？」とよく質問されたらしく、けっこうみんな頭で音楽聴いてるっていうか、ワクにはめたがっている現状を逆に知ったりもした。

「'70年代からのロックビジネスのやり方が、あまりに力を持ちすぎちゃったような気がするんです。バンドはまずヴォーカリストがいて、必ずエレキギターが入って5、6人編成、みんなそういうものだって思い込んじゃっている」

その〝思い込み〟は音楽をやるにあたっての制約になっているんじゃないだろうか。

こだま君は福井県の田舎にいるときから、ずっとその制約を取っ払うようにやってきた。

こだま君は中学の3年間、アカデミックなブラスバンドでトランペットを吹いていた。ところが学校の外では3歳年上の高校生たちのバンドに参加し、オーティス・レディングからジミィ・ヘンドリクスまで、およそトランペットと関係ない音楽を自分なりに演奏していた。

バンドは、板金工のドラマーとこだま君のふたりだけになり、そのときはドラムは勝手に叩きっぱなし、トランペットは吹きっぱなし、つまりフリージャズに突入した。

「最初から外れてたんです。勉強もまったくやらなかったし、大学進学も就職も考えてない。人から将来どうするんだっていわれると、僕は東京に行くって答えてた。『何するの?』『音楽やるんです』、そう決めてた」

高校を卒業して上京、飲食店でバイトする。上京したのはいいが、肝心の日本の音楽シーンは、'70年代中頃、ちょうどニューミュージックなるジャンルが中心勢力になり、すべてが形にはまっていく時期を迎えていた。これはつまらない、というわけでこだま君は音楽への夢をいったん捨て、トランペットも手にしなくなった。

「で、僕は絵を描きたくなって、吉祥寺《きちじょうじ》の絵画教室に通いはじめたんです。70歳のおじいさんのもとでですね。バイトでお金つくって月謝払って、キャンバス買って油絵描く。何かそのことにロマンチックな夢を託せたんです。音楽ちゃらちゃら派手なカッコしてやるより、僕にはそっちの方がよかった」

こだま君はゴッホやモジリアニの絵画の魔力にとりつかれ、映画館でヨーロッパ映画を観まくり、と音楽からどんどん外れていく。こういう外れ方の中から、実は新しい動きが生まれてくる。

こだま君だけでなく、世界中で'70年代後半、ワクにはまった音楽はつまらない、もっと自由にやりたいことをやろうと考えていた連中がいて、それがパンクだったりレゲエやスカだったり、そしてニューウェーブと称される新勢力を生み出すことにもなった。

「ニューウェーブは、僕の求めていたものだったんです。やってる連中がドイツ映画の『カリガリ博士』のような感じがしたし、レコード・ジャケットにミュージシャンの顔なんか出てなくて、ブライアン・イーノがただのダンボールのジャケットのレコード出したり、これ、ものすごく俺、好きだっていうものが続々、出てきたんです。その頃はニューウェーブなんて言葉もなかったんじゃないかな」

そしてこだま君は5年ぶりに、ケースのなかですっかり錆《さび》ついてしまったトランペットを手にとった。音楽雑誌の情報欄のメンバー募集を見ているうちに、トランペット募集のインフォメーションを見つけた。そのバンドが後にニューヨーク公演までやりとげ、一時、東京のクラブ・シーンの先端に立っていた〈スポイル〉だった。〈スポイル〉はグラフィック・デザイナーの横山忠正が、あらゆる既成の音楽に挑戦すべく結成したパンクファンクジャズ・バンドで、こだま君はこのバンドのメンバーになったことで、そのとき、東京で起ころうとしていた新しい動きの真っただ中に身を置くことになった。

〈スポイル〉での活動と同時にこだま君はレゲエに可能性を感じ、'82年〈ミュートビート〉を屋敷豪太たちと結成、活動をはじめる。活動の場は原宿の〈ピテカントロプス〉、〈モンクベリー〉、〈クロコダイル〉や新宿の〈ツバキハウス〉といったクラブやライブハウス。

「当時は、すごいファッション性が重視されはじめた頃で、みんなちょっとお金があったら服を買っちゃう。もうダサいやつはどうしようもないっていう時期。でも、僕は郊外に住んでて、アパートに電話もなく、〈ピテカン〉のマネージャーが電報打ってくるっていう、そういう生活してたんです。で、六本木とか西麻布なんてまったく知らないいきなりそこに突入しちゃったんです。ギャップはありました」

そういう中で〈ミュートビート〉は、インディーズのカセット・マガジンでデビューし、それがニューヨークで認められ、向こうでも発売。さらに来日したマイティ・ダイヤモンドのツアーのサポートをつとめたりと、ゆっくりだが理想的な活動を続けていった。次第に既成の音楽につまらなさを感じる人々の支持を獲得していった。そして'89年、はじめて海外で演奏。全米の主要都市でのライブ・ツアー。

「僕は多分やりたいことがいっぱいあるタイプじゃなくて、やりたくないことがいっぱいあるタイプだと思うんです。だから、やりたくないことはやらないってやってきたから、具体的に形になるものが少ない。ただ本数は少ないけど、一つひとつが確実なものを与えてくれた。形にはまらずにすんだし、そうやらせてくれる人たちに恵まれてたんだと思うんです」

多くの人にとってファッションでしかなかったニューウェーブやレゲエがこだま君にとっては非常に精神的なものであったような気がする。

やりたいことが多い人間よりやりたくないことが多い人間の方が、いつか真にやりたいことを探しあて、そして本当にやり遂げてしまう場合が多い。

勇気を持って踏み外せ!

イコイスト／写真家詩人《ポエムグラファー》

沼田元氣

どうでもいいことを調べていくと
いくらでも、
楽しいどうでもいいことが思い浮かんでくる。

ここのところ、旅にはアンディ・ウォーホルの文庫版『ウォーホル日記』を持っていってパラパラめくっている。アーティストに関してかなり手厳しい批判も出てくる。たとえば、'60年代ヒッピーカルチャーを代表するサイケ・アーティストのピーター・マックスとグラフィティーのキース・ヘリングを比較して、

〝キースはすごいよ。彼はしんからのカートゥーニストだね。人はピーター・マックスに似ているなんていうけど、全然ちがう。キースはまったく別の何者かだ。ピーター・マックスはただ、ビジネスマンがアーティストになろうとしただけだ〟

ウォーホルがいうから、なんだ、そんなやつだったのかって、幻想も消える。

話はできなかったが、ウォーホル本人とはマンハッタンのパーティーで一度会った。30分ほど、同じ部屋の空気を吸っていた。途中、僕は、キースやバスキアたちと寝室に入り、ハッパを吸っていたが、僕の人生のうちで30分だけウォーホルと一緒にいたことが、マンハッタンの一番の思い出かな。

僕はアーティストではないが、マルセル・デュシャンとモンドリアンとウォーホルは格別な存在だね。

そのウォーホルに、すごく気に入られたのが沼田元氣《ヌマゲン》だ。

1986年のことだ。

一種の道化《トリックスター》だが、その頃、ヌマゲンは自分を盆栽に造型し、歩く〝盆栽キッド〟というひとりアート・プロジェクトを展開していた。突然、盆栽人間が街頭にあらわれたら、人は驚く。しかも、ヌマゲンはニューヨークまで遠征。ウォーホルの目に留まり、ウォーホルとMTVに出演。その番組でウォーホルはヌマゲンを〝日本のピー・ウィ・ハーマン〟〝BONSAI・BOY〟と讃《たた》えた。'86年にはパリにも遠征。'87年には再びニューヨークに。

盆栽キッドになる前のヌマゲンは、雑誌のスタイリストだった。もうその頃、いまは大ブームになっている〝レトロ〟ものに精通し、それのスペシャリストだったが、ヌマゲンの美意識や表現への衝動は〝雑誌〟の仕事じゃ満たされなかったんだろうね。

面白いモノを探すより、面白いモノに自分がなってしまえばいい。

そこで、ヌマゲンは盆栽キッドになった。

これは一種のスタイリング・アートだったのかもしれない。

ウォーホルに認められた。

世界を往く盆栽キッドは、'80年代のバブルの波に乗り、ときに企業がらみの大きなプロジェクトにも発展した。

勢いづいて、盆栽キッドは'89年夏、大遠征に出た。北京から西安に入り、シルクロードをヨーロッパに向かうという。

「盆栽のカッコして行ったんですけど、中国は盆栽のルーツなのにニューヨークのようには受け入れられませんでした」

「?」

そのとき、ヌマゲンは偶然に天安門事件に巻き込まれ、危うく生命を落としそうになった。

軍隊が天安門の学生たちを制圧に出た、その混乱の真っただ中に彼は独特の盆栽のスタイルで到着してしまった。腰には大きな植木鉢――ストリート・パフォーマンス用に内部にはスピーカー2個とスクラッチ用ターンテーブル、カラオケ用カセットテープ・プレイヤーが内蔵されている――着ている服は唐草模様のミリタリー・ファッションという珍妙な盆栽人間。中国入国のときに税関で、植木鉢はスパイ活動用の通信機と怪しまれ、天安門で唐草模様は迷彩服に間違われた。まったく人騒がせな野郎だぜ。

天安門は大混乱、銃弾が飛び交っていた。年の頃なら16、17歳の若い兵隊が、「わけのわからないやつは敵だと思って発砲してくるんですよ」。盆栽キッドの植木鉢も被弾。「どてっ鉢に穴あけられたってやつです」。

彼は1週間、天安門事件の真っただ中で足止めを食らった。事態の情報をつかめない。大使館に連絡すると、「まだいたのか!? もう生命の保障はできない」といわれ、東京に国際電話をすると、「何やってんだ、早く帰って来い」と異常な緊張が伝わってくる。

臨時特別便で続々と観光客や商社マンは帰国して行く。北京に残る者は死ぬ覚悟のある者だけ。彼はまったく深刻ではなかったが、シルクロードの旅を断念できなかった。その旅は観光旅行でもなく、スポンサーつきのよくある冒険旅行でもなく、盆栽のルーツと「緑色革命《ボンサイグリーニング》」がシンボライズされた唐草文様のルーツをたどる旅だったから。とにかく、来た以上は天安門を突破して西へ西へと地の果てまで行かねばならぬ、というくらいの思い入れがあった。

天安門事件の終結と同時に彼は北京を脱出、西安を経てシルクロードに入った。未開放地区に盆栽のスタイルで現れると、逆カルチャーショック現象というか、普通だと異国の生活や文化に旅行者がショックを受けるのだが、土地の人間が彼の出現に心底ビックリしてしまった。

「円盤に乗った宇宙人に思われたり、植木鉢がラーメンのドンブリに見られたり……僕の周りに人が集まって来る。ニコニコ笑顔で集まって来るのならいいんですけど、みんな目が点になってるから怖い。何かちょっとした拍子に、異端者はみんなでやっつけろみたいなイージー・ライダー的な雰囲気なんですよ」

そして、シルクロード2カ月目ぐらいに彼は原因不明の高熱に襲われた。体温は42度までいってしまった。革命やら熱病やら、一難去ってまた一難。今度の災難も命取りになりかねなかった。

初夏の東京、人々が天安門事件を忘れてバカンス・シーズンの到来に浮かれはじめた頃、沼田元氣の知人たちのもとに1通の手紙が届いた。それは、こういう手紙だった。

(以下原文のまま。ルビは筆者)

「急告
わたくしは日本語のじょうずガイドの珍と申します。ぬまたさんは敦煌《とんこう》から600㎞離れた哈蜜《ハミ》という小さな村で原因不明の熱病にかかり、村の鉄道病院に入院いたしました。数日間激しい痙攣《けいれん》と高熱を繰り返し、一時熱が42度迄上り、脈搏148回、呼吸困難、意識不明となり助からないといわれました。ところが持前の強さで39度迄熱を下げ、それを機にその日の夜汽車乗って大きな病院のある烏魯木斉《ウルムチ》に向かいました。医者、看護婦付きで、点滴と酸素を送りながら、ゴビ砂漠の中を20時間かかってウイグル自治区人民病院に移送。ところがそこでは、マラリアともコレラともいわれ、汚染科という伝染隔離病棟に入り、しばらく出ることができませんでした。しかし客死したくないという本人の強い希望もあって、先日北京経由日本航空特別便で帰国いたしました。

以上経過を御報告迄。同志各位様　中国国際芸術探検遊遊公司　珍　虎喜」

「42度ぐらいの熱になると呼吸できなくなるんですよ。それで酸素吸入するんです。そうするとフーッと体が軽くなって、気持ちよくなってどこかへ連れて行かれる。気がつくと、中国の庭園が見えるんです。こんな美しい所がこの世にあるのかっていうくらいの……」

夢の中の庭園は彼の好きな盆栽が並び、古い中国服を着た老人が立っていて、なんとも芳《かんば》しい花の香りがただよっている、まさしく桃源郷だった。彼は何度も庭園の夢を見た。地獄の病床で。その庭園の中に入って行こうとすると、いつも悲痛な顔をした、体のいたるところ傷だらけの日本人の群が目に入る。彼ら日本人はどうやら登山隊らしい。その姿を見て、彼は庭園の中に入ることを思い止まる。

多分、夢の中に現れた庭園はあの世だろう。そこにヒマラヤやカラコルムで遭難し、無念の死を遂げた日本人登山家がいたのだろう。

ずいぶんと遠いところまで盆栽キッドは旅してしまったものだ――。

その後、ヌマゲンはやっと腰を祖国に落ちつけ、今度は、盆栽キッドが〝動〟だとしたら、〝静〟にあたるのかイコイストを名のり、ドロップ・イン！〝安らぎ〟や〝憩い〟の大切さを人に伝えはじめる。町に昔からある〝喫茶店〟や〝映画館〟や〝古本屋〟。江ノ島ら観光地にある〝お土産屋〟や〝遊戯場〟や〝海の家〟ら。

もともと、この国に豊かにあった憩いの文化を探し出しては、雑誌や本で、自ら写真を撮り文章を書いて紹介する。

ヌマゲンの審美眼にかかったら、あの中央線のオレンジ色も〝エルメス〟カラーになってしまう。

いつの間にか、昭和レトロ・ブームは、ヌマゲンが仕掛け人のように思ってしまうぐらい、世がヌマゲン化してしまった。

多分、ヌマゲンはいまでも長屋に暮らしてるんだろう。

僕はヌマゲンは、平賀源内のような人かなと思う。

先日、久しぶりに会って茶を飲んだとき、彼の著書をもらった。オビに「穏やかに生きる知恵がここにある憩辞典」と表に、裏には「喫茶店を知らずして人生を語るべからず」とあり、ヌマゲンの肩書は東京喫茶店研究所々長。

まえがきで、ヌマゲンはいう。喫茶店は、「どうでもいいこと」のように人々から思われてるふしがあるが……

「しかし、この、どうでもいいことを調べていくといくらでも、楽しいどうでもいいことが思い浮かんでくる」(『喫茶店百科大図鑑』ギャップ出版)

ものすごい本だね。

フジテレビ・ディレクター

平野雄大——俺は、バンドが0から1のところに立ち合いたい。10から100とかは興味ない。0から1のところが、一番熱量がある。

雄大はフジテレビの社員である。だけど、大きな組織である放送局にいて、ハタから見て好き勝手やっている。雄大は、最近では『ELVIS』というロックンロール番組をつくっている。毎年、夏にはお台場でロッケンロール・サミットというロック・フェスも主催している。プライベートでも、YOU-DIE&ザ・リーゼンツというロカビリー・バンドのヴォーカル&ギターを担当している。このバンドのライブが、実にカッコいい。ロックンロールの〝与太〟ぶりが様になっている。

夜の街では、よく雄大と会うことがあるが、昼間お台場ビーチ・サイドのハワイアン・カフェで雄大に取材した。

〝ロックンロール〟を仕事にするようになったのは、父親の影響があるかもしれないと、雄大は昔を振り返った。

生まれは1969年、大分県出身。

オヤジさんは変わった人だった。あまり家に落ち着くことなく、全国を放浪していた。雄大の記憶にあるオヤジの仕事は、建設資材の仲介。金になる仕事だった。だけど、放浪に出ると、鉱山で山を掘ったり、ヤクザとのつきあいもあった。伝説のヤクザ・夜桜銀次と親しくしていたヤクザも近所にいた。

そんなオヤジだったが、開山という名で世に知られる詩吟《しぎん》の大家でもあった。

雄大の子どもの頃の思い出は強烈だ。

「オヤジが家にいるときは、かならず一緒に風呂に入るんですね。そうすると、オヤジは風呂の中で、〝少年老い易く、学なりがたし〜〟って詩吟をうなる。そのあと、風呂から上がると、カール・パーキンスのロカビリーのレコードかけて一緒にツイスト踊るんです。オヤジはロカビリー大好きでしたからね」

けっこう気性の激しいオヤジだった。その血をひく雄大は、小学生番長だった。気にいらないやつがいると、テッテイ的に叩《たた》きのめす。オヤジは雄大がケンカすることをしかりはしなかった。ケンカに負けて帰ると、木刀でひっぱたかれる。校内暴力全盛期だ。ケンカに明け暮れていたが、小学校5年のとき、先輩から北九州出身のビート・バンド、ルースターズを教えてもらう。

「一発で、大好きになった」

ロックが好きになった、本気で。とはいっても、すぐに活動はできない。田舎だ。中学、高校と、なんということなく送り……東京の大学に進学しよう、東京に行けば、すべてがはじまると思ってた。しかしオヤジが心筋梗塞《こうそく》で倒れてしまう。家業を継がなきゃいけないようなムードになるが、ブローカーは性に合わない。

東京には行かず、地元で小さなアクセサリーショップを開く。最初はうまくいかなかったが、若いなりにアレコレ策を練るうちに、それなりに商売は軌道に乗った。だけど、ある日ふと思う。別にこの仕事って40歳になってやってもいいんじゃないか。10代の俺がやるようなことか？　店をやめて、やっぱり東京に行く。昼はバイト。受験勉強もして、大学に入学。だけど、バンド活動三昧。バンドはロカビリー、めんたい系、ガレージの三つかけもち。やっぱり、ロックが好きだと、自分を知る。

「それで思ったんですね。なんかロックの世界見ても、ほとんどお行儀のいい商業ロックばっかりだったんですね。でも、昔はキャロルだったり、クールスR.C.だったり、すごい不良で、そこにいるミュージシャンを口説きにいったプロデューサーとかディレクターとかいたわけですよ。俺も、商業ロックとはちがうとこで、内側から、シーンを変えるような影響力をもった人間になりたいと思ったんですね」

雄大は就職活動で、レコード会社とテレビ局の門を叩いた。レコード会社に就職が決まりそうになったが、会社に所属するミュージシャンとしか仕事できないキュウクツは性に合わないと、テレビ局に入社した。

〝スターどっきり〟らの人気番組のアシスタント・ディレクターを2年経験したあと、当時人気の頂点にあった小室哲哉の音楽番組のディレクターに。小室ファミリーをゲストに呼ぶ番組だったが、すぐにネタ切れ。

じゃあ、雄大、おまえの好きなバンド呼んでくればいいじゃないというプロデューサーのアドバイスをうけて、暴力温泉芸者やギターウルフらを呼んだ。28歳の頃だ。

「そっからですね。いままでにないロックのライブ番組やろうって思ったのは。フツーだと局に企画書通んないような。ライブのステージっていっても装飾なしの素の板だけ。ルナシーだろうがギターウルフだろうが、みんなそこでライブをやる。売れてるとか売れてないじゃなくて、カッコいいやつが勝ちっていう」

それは、ノイズに満ち、カメラの動きも従来の約束事を無視し、感じたままに撮る自由さ。ちょっとした革命的な番組となった。番組名は『FACTORY』。

「最初は、局のお偉方とケンカしっぱなしですよ。ノイズですからね。それもアンダーグランド系のバンドを探してきて、出演させてて。それでやっと自分のやりたいことができるようになった。俺は、バンドが0から1のところに立ち合いたい。10から100とかは興味ない。0から1のところが、一番熱量がある。エネルギーがある。そこを目撃したいんですね」

バンドが人気出てきて、まわりにスタッフも増え、レコード会社やプロダクションの思惑で動くようになると、雄大は、「もう、いいやーって気になりますね。だって、個人対個人でやりたいことができなくなる」と冷めてしまう。

だからといって、雄大はアンダーグランドにこだわるわけではない。

『ELVIS』は、無名のバンドを世に出すため、人気者にするための番組だ。ポップに演出している。

巨大な組織に所属しながら、雄大はTV番組やロック・フェスで、ガキの頃、オヤジと一緒に踊ったロカビリーの興奮を追い求めている。小学校5年生で虜《とりこ》になったルースターズのビートを、何よりも信じ、0から1に向かうバンドとともに生きている。「内側からシーンを変える人間になりたい」と思った通りの仕事をしている。

最後に、雄大に訊いてみた。

「この仕事やってよかったなーっていう、何かエピソードあった？」

雄大は、すぐに答えた。

「ロッケンロール・サミットっていう、今年で5年目になる野外フェス、お台場でやってるんですけど。そのことで、ギターウルフのセイジさんがメルマガ書いたことがあったんですね。すごい大きなことでも、そこにエネルギー持ったひとりの人間がいて、そいつがみんなを動かすんだと。大事なのは、そのひとりの人間だと。で、お台場で毎年やってるロック・フェスがあって、それはひとりの男のわがままからはじまったって書いてくれて、それがすごくうれしかったですね」

過去、TV界にはキャロルのドキュメンタリーを撮った龍村仁氏や矢沢永吉や尾崎豊を撮った佐藤輝氏といった花形ディレクターがいたが、その人たちはロック・ミュージシャンではなかった。だけど、雄大はミュージシャンなのだ。それも、'50年代のロックンロール・ナンバーを、ギターをかきならし、シャウトする。それが、客を乗せる。その姿は、とてもあのフジ・テレビの社員とは思えない。

〈ウッド・ゴー・レコーズ〉代表

高橋康浩

――自由ってことは余程好きなものがないと自由になれない。それぐらい好きか？ ってことです。僕はロックンロールで儲けたい。

タカハシ君を紹介してくれたのは忌野清志郎だった。

5年前の冬だったか、埼玉のスーパーアリーナにK－1を観に行った、その帰り、新宿の〈ロフト＋ワン〉で清志郎がトークイベントに出演していたので訪ねた。イベントが終わり、楽屋で清志郎に会い、世間話をしていると、「彼、昔から活動を手伝ってくれているタカハシ君」と紹介された。そのとき、タカハシ君が、僕が'78～'79年にNHK・FMでパーソナリティをつとめていた音楽番組の熱烈なるリスナーで、また『ドロップアウトのえらいひと』の愛読者であることを告白された。

そのとき以来、僕らは同志となった。

一緒にロックしようぜってカンジだ。清志郎の紹介だったこともあって、一緒にロックできそうに感じたのだ。

まずは、ロカビリー・バンドのCANDYを彼がかかわっていたインディーズのレコード会社からデビューさせた。これは、まあまあヒットした。ロカビリー系のフリーペーパーも出した。フジテレビのロックンロール・ディレクター、平野雄大を紹介してくれた。いまは、毎月第3土曜日、〈レッドシューズ〉で一緒にロックンロールなパーティー〝第3土ヨー日〟を酒飲みながらやっている。

そのパーティーにはタカハシ君が代表をつとめるインディーズ・レーベル〈ウッド・ゴー・レコーズ〉所属のインヴィジブルマンズデスベッドやライオンも出演し、タカハシ君はいつもヘルメットにメイク、ニッカーボッカーというふざけたカッコで、手にハンドマイクを持ち、「アイシアッテルカイ!!」と客を挑発している。〝第3土ヨー日〟のパンクな名物進行係ではりきっている。

タカハシ君は全身全霊ロック漬けだ。

はじまりは、14、15歳の頃。ローリング・ストーンズを聴いて「ガツンときた」。次に「きた」のはセックス・ピストルズだった。ギアは、それでトップに入った。もうキャロル聴いても「ただの歌謡曲じゃん」とレコードを叩《たた》き割ったという。高校時代に、バリバリのロック・キッズになった。

ちなみにタカハシ君は1962年生まれ、江東区でとれた。ロックにはまったが、バンドやろうとは思わなかった。関心が舞台裏に向かった。セックス・ピストルズの陰にマルカム・マクラーレンがいる。そうか、アーティストはプロデュースされて、異彩を放つ。攻撃力を持つ。

ザ・フーでも、そのことを学ぶ。フーにはふたりのマネージャー&プロデューサーがついていた。キッド・ランバートとクリス・スタンプ。このふたりがフーを売り出し、'60年代のブリティッシュ・ロック・シーンに多大なる影響を与えた。自分たちでレーベルを設立し、そこからT・レックスもデビューさせた。

あの伝説的なフーの破壊的なステージ・パフォーマンスも、マーク・ボランのメイクも、キッド・ランバートの仕掛けだった。ランバートその本人が破滅的な男で、ゲイでジャンキー、42歳でこの世を去った。

タカハシ君は15歳で、そんなハチャメチャな世界に入ろうと決意。高校は中退した。新宿のディスコやライブハウスでホールの係のバイトしながら、渋谷〈屋根裏〉、新宿

〈ロフト〉らロック系のライブハウスに通った。

'78年、渋谷〈屋根裏〉ではじめてRCサクセションを見た。忌野清志郎を見た。

「もうブッ飛んだ。頭が真っ白になった。それで、僕の人生が決まった」

'78年から'81年、関東圏のRCのすべてのライブを追った。胸に突き刺さってくる歌詞、強烈なスタイルを持ったバンド、清志郎のエモーショナルでスピリチュアルなヴォーカル、日本語のロックのカッコよさにひき込まれていった。

だが、タカハシ君は業界に何のツテもない。

日々の営みは、パーティー屋。ディスコを借りてバンドを入れて、けっこうナンパなパーティーをオーガナイズ。女の子にパー券売らせて、金にはなった。東京から横浜に流れて、ライブハウスのブッキングの仕事、ショーパブで踊っていたこともあった。3年横浜にいて、東京に戻り、タカハシ君はもう23歳。なんとか制作プロダクションにもぐり込み、ラジオ番組を制作したりするようになった。

そこで、音楽評論家のS氏と知り合い、突然、レコード会社への道が開かれる。すぐに、東芝EMIのA&R（制作・宣伝）のトップだったK氏と出会う。偶然にもK氏はRCサクセションを担当し、アシスタントを探している最中だった!!

いやー、不思議なもんだね。トントン拍子にことが運んでゆく、これがロックンロール・ライフの面白いところだ。

タカハシ君はRCのアーティスト担当となる。

その頃、RCは清志郎が覆面バンドのタイマーズを結成、過激な活動にうって出たときだった。

「タイマーズはセックス・ピストルズに近かった。15歳でブッ飛んだ清志郎さんと僕は一緒に仕事をするようになって、そこで攻撃的宣伝をはじめたんです」

というタカハシ君は、東芝EMIというロック王国で、パンク精神にあふれたA&Rマンとなっていった。

タイマーズの清志郎は、とんでもないスタイルでステージに登場した。ヘルメットをかぶり、ニッカーボッカーに地下足袋。タカハシ君も同じカッコをして、雑誌社や放送局をまわった。RCサクセションのときの清志郎のメイクをし、ラメのギンギラの服も着た。清志郎がピンクのブーツでステージに立ったら、同じカッコをして出勤した。平気で電車に乗り、局をまわった。その頃の清志郎はRCのアルバム『COVERS』に収録された原発反対の曲がレコード会社のお偉方の逆鱗《げきりん》に触れ、アルバムは発売中止、それがマスコミの騒動となり反社会的ミュージシャンの烙印《らくいん》をおされた。

その清志郎とタカハシ君は同志となっていつも行動をともにした。マスコミ対応で取材の現場、TV出演、写真撮影、ライブ……。

「清志郎さんは、いつも、権力と戦っている。だけど必ず、その戦い方にユーモアが入っているところが好きです。いや、本当すごかったですね。フジテレビの『夜のヒットスタジオR&M』に出演したとき、僕もスタジオにいたんですけど、タイマーズの曲を放送禁止にしたFM東京に対し、〝FM東京、腐ったラジオ〜〟って番組で攻撃してしまって大騒動になった。それは本気で体制に戦いを挑んだ瞬間でしたね」

'90年にRCは活動休止。ここでタカハシ君は清志郎と離れ、今度は全盛期を迎えたユーミンを担当。このときも、アルバム『U－miz』の宣伝活動では、村上龍の『愛と幻想のファシズム』からインスパイアされ、戦闘服にナチのマークや毛沢東バッヂをつけたカッコで局まわり。そのタカハシ君のアイデアにユーミンも乗って、『U－miz』ツアーのステージ衣装は迷彩服になった。

東芝EMIでやりたい放題だったが、既成の音楽業界に息苦しさを感じはじめる。自分が本当にやりたいことは何か？　自らに問いはじめる。答えは、あの〈屋根裏〉で見たＲＣの衝撃しかない。

「曲がいいとか、詞がいいとかよりも、頭が真っ白になる様な衝撃、あの感じがすべてなんだと思ったんです」

東芝ＥＭＩをタカハシ君は、ドロップアウトし、インディーズの世界に移る。

２００１年、タカハシ君はロックンロール・ライフ２度目の衝撃におそわれる。

以下はタカハシ君からＦＡＸで届いたメッセージだ。

俺は１９７８年、渋谷屋根裏でＲＣサクセションを見た。頭ん中が真っ白になった。洋楽とか邦楽とかカンケーなくブッ飛んだ。清志郎の声、動き、存在のすべてに囚《とら》われた。あれからずーっと清志郎を追いかけている。

２００１年、場所は変わってしまったが、同じ渋谷屋根裏でインヴィジブルマンズデスベッドを見た。挑発していた。過剰な挑発。カリスマや救世主といった、ありきたりな時代の落とし子ではなく、あきらかに過剰に挑発していた。

あれから４年、全国各地のライブ会場を荒らしまわり、〝アンダーグラウンドの破壊王〟と呼ばれるようになり、インディ・シーンでは知らない者はいないほどの存在になった。ＢＲＡＨＭＡＮ、町田康、鳥肌実、ギターウルフ等と共演、また幾度かのアメリカツアーでは暴動になり、演奏が中断されることもあった。それは東京のクラブでも同じだった。あまりの破天荒さにクラブのやつらが驚嘆して、出入り禁止や追い出されたりした。何がクラブ・カルチャーだよ。安全な場所で陣地取りをくりかえしてるだけじゃねえか！　まるで小さな政治家だ。

俺は感じていた。

俺を決定した'78年。生き方が変わった'78年、あの感じだ！

過剰で挑発的なロックンロール！

このインヴィジブルマンズデスベッドとの出会いが、タカハシ君の新しい生き方を決定した。彼らとともにタカハシ君は自ら代表となって〈ウッド・ゴー・レコーズ〉を設立。他にライオン、パックマンズ、Ｔｈｅ88等が所属。

「時流なんてカンケーない。自分たちのやり方でやる。やるだけムダだから会議もない。変な人間関係も派閥もない。ロックンロールはある。だから自由だけど、自由ってことは余程好きなものがないと自由になれない。それぐらい好きか？　ってことです。僕はロックンロールが好きだから、ロックンロールで儲《もう》けたい。他の事で儲けたいとは思わない」

といい切るタカハシ君は、今年2月の〝第3土ヨー日〟、ライブが終わってパーティー・タイムになり、僕がさんざん飲んで酔っ払って帰った後、明け方バンドのメンバーたちと大騒ぎして、素っ裸になって倒れてたそうだ。

そんな破天荒なやつだから、僕も一緒にやれるんだ。

自分で背広をつくってみたいと思った。
それもデザイナーになるのではなく、
昔ながらのやり方で〝仕立て〟てみたいと。

山本祐平

モダン・テーラー〈caid〉オーナー

祐平サンの仕事場《アトリエ》を訪ねて、2時間ほど話してみてわかったのは、祐平サンは〝稼業〟が好きなんだなーってことだった。

で、自分もいっとき、いまだにそうだけど、4Bのエンピツ1本でモノ書いて、生計立ててるので、自ら〝文筆稼業〟といって悦に入ってた。

ひさしぶりに〝稼業〟を全身から、仕事場の雰囲気から匂わすオトコに出会った。ところで、どういう意味なんだ、稼業って。辞書で調べたら「商売。しごと。なりわい」としかでてない。説明なし。

でも、稼業というと、探偵稼業とか拳銃稼業、バーテン稼業、お笑い稼業、役者稼業……と、ちょっと一匹狼っぽいアウトローをイメージする。それも勝手な思いこみだが。

祐平サンは、見るからに「仕立て屋稼業」だ。体張って生きてる感じがする。かつてパンクラスのファイター船木誠勝は、選手として体を張れるのは27歳がピークといっていたが、リング上ではそうなんだろう。でも、街の片隅で、別に喧嘩《けんか》するとかじゃなくて、祐平サンは自分が選びとった稼業に、もう14年も体を張り続けている。

山本祐平、現在37歳。

知る人ぞ知る、メンズ・スーツの名手、モダン・テーラー〈ｃａｉｄ〉の主人だ。

「この道選んだの中学生のときですね。ませガキだったんです。映画が好きで映画館に通ってたんです。池袋とか大塚、高田馬場の映画館。それもフランスの昔のギャング映画ばっかし見てた。フィルム・ノアールと呼ばれてたやつ。それで、ジャン・ギャバン、アラン・ドロン、リノ・バンチュラのスーツ・スタイル見て、ヒップでカッコいいと目覚めて、もうそのときからずっと追求してるんですね」

スーツというと、一般的には、すぐにサラリーマンが思い浮かぶ。朝の通勤ラッシュ時の駅、ひとつの極めて日本的な現代社会の象徴としてのスーツの群衆。あれは日本だけの光景だ。

祐平サンがガキの頃、ちょっとションベン臭い映画館のスクリーンに見ていたスーツは、それとはちがう。

映画はすべてアウトローもの。暗黒街に体を張って生きる男たちの物語。

「リノ・バンチュラの映画なんて、日本でいう任侠《にんきょう》映画ですよ。仁義の世界はフランス人と日本人は似たフィーリング持ってますね」

ワルの匂いに満ちている。だけど、映画の中でスーツを粋《いき》に着こなす野郎どもは、なんてカッコいいんだろうと、週に3本立てを9〜10本も見続けた。

高校で、自分が好きになったカッコいいスーツが、世の中にひとつも売られてないことに気づく。DC全盛期。さあ、どうするか。世の流れに身をまかせるか。別に服だけが男の生きる道でもない。

だけど、祐平サンは、自分で背広をつくってみたいと思った。それもデザイナーになるのではなく、昔ながらのやり方で〝仕立て〟てみたいと、18歳で心に決めた。

それで、決まりだね。

往く道は、ひとつ。

とりあえず、服づくりの技術を学ぶために桑沢デザインの服飾科に入った。学べることはすべて学び、「ちょっとわけあって名前は出せないんですけど」青山のテーラード・ショップに飛び込みで弟子入り。そこは祐平サンが理想とするスーツの仕立て屋だった。創業50年の老舗《しにせ》。かつて進駐軍のアメリカ兵がよく注文に来ていたので、シルエットはカッコよかった。ここしかないと思った。

「僕がその店に入ったことによって、大ゲサにいいますけど、街の粋な不良を巻き込んだんですね。みんなカッコいいスーツを仕立てようよって。そしたら、同世代に同じようなことを考えてた若いやつがけっこういたんですね。〈ツバキハウス〉で遊んでたロカビリー系のやつらとか、テッズとか、やつらがエルヴィス風のスーツを欲しがったり、もっと下のモッズ系まで来ちゃって。DJも来たし、本職のジャズマンも来た」

それが'95、'96年頃。当時アシッドジャズ系のトップDJトリオだったU・F・Oの3人も、スーツ姿でDJブースに立ち、クラブ・シーンでもスーツ・スタイルが流行となった。

その頃、街に、スーツのことなら祐平サンに聞けば何でも知ってるというウワサが広まっていった。

東京に、祐平サンを中心にしたスーツ党のシーンが生まれてゆき、芝のレストラン・クラブ〈ヴォルガ〉で、ジェームス・ボンドをテーマにしたスーツ野郎どものパーティーを祐平サンがオーガナイズしたりした。

その一方で、番頭となった祐平サンは、客で来るヤクザがしょっちゅう引き起こすトラブルに対応。体を張ってのぞんだ。

「チンピラみたいのが来て、兄貴の服持っていくからって。それで、金はあとから払うっていうんですよ。だけど、僕は服を渡さない。あんたたち大人がね、僕みたいな若僧になんてことというんだっていうと、店の中で、ぺッてツバ吐きますからね。殴《なぐ》られたこともあります。なんで、テーラーに来たのに、こんな目にあわなきゃいけないんだって何度思ったことか」

10年目に独立。祐平サンは4年前、渋谷の埼京線の駅前、レトロなビルの2階の一室に、まるで探偵事務所のようなアトリエをかまえる。本人もひとりのアシスタントもスーツ・スタイル。好きな'50年代のジャズのレコードを、アメリカでゲットしたという'50年代製のプレイヤーで流し、訪ねた僕らに、自慢のモデル・ガンのコレクションを次から次へと披露する。いまどき珍しい道楽者である。スーツの仕立ても一番の道楽なんだろう。

だけど、中学生で目覚めて、ひたすら一途に体を張って自分の好きなことを追求していく生き方にひかれてか、若者たちがスーツを仕立てにアトリエにやって来る。

「男はね、20歳前に仕立て屋といいつき合いをする。自前のスーツをつくるんです。そこからはじめて、年をとりながら、自分のスタイルをつくっていく。そうすると、もうコロコロ変わる流行に振りまわされないですむ。そうじゃないと、やれ太いズボンだ、細いズボンだって、お金ばっかり使わされることになる。それはただのファッション馬鹿。それと、僕がつねに若い客にいってるのは、どんなカッコいいスーツ着ても、女にモテなきゃ、それはカッコ悪いよってことですね」

祐平サンは、夜はけっこう街で遊んでるというウワサで、僕は一目見て、そうだろうなと察した。

〈WALKIN〉オーナー／画家

上岡秀昭 ―――― 鏡で自分の顔見てね、1分ほどだったかな、納得しちゃった。自分は自分でしかないもんな。

誰の言葉だったかなぁ、胸に刻み込まれているフレーズがある。それは「大隠は巷《ちまた》に隠れ、小隠は山に隠れる」というもので、街の中にこそ悟った人間がいるといったような意味か。

「不思議だったなー、あの瞬間はいま考えても不思議な朝だったなぁ。朝起きて、毎朝するように、洗面所で顔洗って歯磨いて、ふと鏡を見たの。そこに映った自分の顔見てね、1分ほどだったかな、納得しちゃった。自分は自分でしかないもんな。その瞬間、変なプライドは捨てたね。男にはプライド必要だと思うよ。いまでも思う。でも、つまんないプライドっていっぱいあるじゃない？

（そうね、見栄や名声とかね）

そう、勘ちがいの、いっぱいあるじゃない。俺さ、20代の頃、めちゃくちゃプライド強かったの。

20歳ぐらいで、芸大目指して浪人してる頃、自殺も考えたんだよ。暗くてさ。10代の子がよく悩むあれね、自分は何のためにこの世に存在してるんだろう？　生きてる意味は何なんだろう？　って思い悩むじゃない。それに浪人中、ぶち当たっちゃって、俺が生きてる意味なんて、もうこの世の中でない。俺はアリンコ以下だって。いやー、つらかったんだね。それを自分だけで解決していくタイプだから。ただただ自分の中で葛藤するだけ。内面で葛藤するから、外面的には暗いに決まってるじゃない。毎日自分の中で葛藤していて、でも答えはない。だから、俺、自分に厳しいの、ものすごく。冷静に、客観的に自分を見る力が、そなわってると思うもん。

（どうしてそんなに葛藤するようになったの？）

母親だね。いまでもよくおぼえているけど、四谷の中学校でね、お昼、校庭に日傘さして女の人がひとり立ってたの。その姿見て、同級生がみんな、すごい女の人が立ってるよって騒いでたら、その人、俺の母親だった。学校にお弁当届けに来たんだよ。それで、お弁当箱のフタ開けたら、店屋《てんや》もんのカツ丼!! それが、俺にとってすごいショックでさ。当時カツ丼なんていったら、贅沢《ぜいたく》だと思うよ。だけどいつもは手づくりのお弁当だったから、俺、母親の料理好きだったんだよ、洋食がうまくてね。モダンな人だったから。

それがカツ丼事件を境に、急に母親が変わっていったのね。ある日、わたしはわたしで勝手に生きるから、あんたも自立して勝手に生きてくれって、宣言されたんだよ。突き放された気になってね、まぁ、傷ついたんだろうね。それから、自活しなきゃ、自立しなきゃって思いはじめて、自分に対しても厳しくなっていったわけよ。繊細な子どもだったんですよ、わたし、みんなはわかってくれてないけど……とかいって。まぁ、だから、ある意味マザコンだよね。母親はね、結局賭け事にのめり込んで、財産も家までなくしちゃってね。

それで、最初は画家になろうとして芸大目指してたんだけど、母親の料理好きだったから、急にコックになりたくなって、四谷の有名なビストロで働いたの。3年みっちり修業して、青山1丁目に'76年、自分の店を出したのね。

客商売はじめたけど、何か自分の中でスッキリいかない。どっか心の中ではクリエイティブなこともやりたい。友だちはみんなそういう世界で活躍しはじめたからね。店はうまくいってたんだけどね、ずーっと続けようとは思ってなかった。なんか、取りあえず、自分を発見するために、何年かやってみようというだけだったんだよ。

だから、たえず、コレでいいのかな、本当の自分はちがうんじゃないかって葛藤してるわけよ。

（それが、鏡で悟っちゃうわけね）

そう。もう、何しようが、俺だもん。いいじゃんこれでって。次の日からひと皮むけたみたいな、憑《つ》きものがおちたみたいに、すごく楽になった。そりゃ、葛藤はいまだってあるよ。だけど、自分を閉じこめてた殻がとれちゃった。20代はすごく片意地張って生きてたからね。

それが30歳になって、ある日、鏡で自分の顔見たら、自分の素の部分が素直に見れたんだよ。しょせん、上岡秀昭ってこんなもんじゃん、って自問自答の答えを見つけた。それで自分のスタンスがはっきりしたんだよ」

と、ここまで秀ちゃんの話を聞いて、およそ100年前、哲学者の岡倉天心が名著『東洋の理想』の最終章『展望』に書いたフレーズを思い出した。

生命はつねに自己への回帰の中に存する。（中略）「汝《なんじ》自身を知れ」とは、デルフォイ（アポロの神殿）の神託によって語られた最大の秘義であった。「すべては汝自身の中に」と、孔子の静かな声はいった。

古代、三種の神器に勾玉《まがたま》、剣《つるぎ》と並び崇められた鏡は、そのための神聖な道具だったのだろう。

「で、そのときから何が変わったかって、素直になろうよ、楽しいときは思い切り楽しめばいいじゃん、笑えばいいじゃん、片意地張ったり、気取ってることないじゃない、人にどう思われたっていい。それまで、自分は〝別に〟って気取ってたわけだから。自分は最低限やるべきことはやってるんだから、あとは好きに生きればいいって目覚めた。そこで自分のスタンスがわかっちゃった。

無理なことはしない。みんな、あんたの器《うつわ》じゃないってことやるじゃない。それで失敗する。俺はおいしい話が来ても、金儲けは自分の趣味じゃないからなって思ってたから絶対にしないとか、自分の足元を常に見てる。自分のできる範囲の中で、どう楽しむか。計画的に物事進めるのも苦手なんだよね。やっぱり数字にかかわること、一番苦手かもな。

あと、自分が気持ちよければ、きっと人も気持ちいいだろうな、って思うようになった。

だけどね、客商売やってればストレスはたまってくよ。30を境に、自分はグチをこぼさなくなったけど、この商売はね、カウンセラーだよ。楽しいからしゃべりにくる人もいるけど、ほとんどはグチをこぼしにくるんだよ。仕事のことやプライベートのこと、そのグチを聞いてあげる。だから、だんだんこっちも重くなってくる。気分転換するために、バイクで2、3時間飛ばして海に行ってたよ。ただ水平線見てるだけ。

30が転機になって、次が40だったね。2度目の離婚のとき。自分が思ってる以上のダメージうけて。それでお客さんに誘われてタイのプーケットに行ったの。そこで救われたね。みんなは知らないけど、裏の方の海辺にロマ民族が掘っ建て小屋に住んでるエリアがあって、そこが気に入っちゃったのね。女がみんな肥《ふと》っててさ、それが面白くて、帰って来て、絵に描いた。あと、その旅でタイ・カレーをおぼえて、ランチ・タイムのメニューに入れたら、当たったんだよ。あの頃、まだタイ料理はポピュラーじゃなかったからね。タイ・カレー、珍しくて、ウケたんだよ。それで店の経営も救われたと思うよ。夜だけだったら、全然ダメな時期もあったからね。

で、毎年休みにはプーケット行くようになって、行く度に元気になって帰ってくる。人に対してもどんどん優しくなっていってね。

(他の島には行かなかったの?)

行ったよ。パラオはダイビングで海に潜ったら、すごいなーって、美しさ。もうアートだなって思った。造形がね。俺は宇宙には行けないけど、海の中に潜れば、宇宙が見える。そんな感じだったね。島に行く度に元気になって帰ってくる。

で、また自分のペースで生きてて、絵も描きはじめてね、個展もやって、絵も売れて、店もやっててね。50になって、また来た。今度は入院。昼間、なんか胸が苦しいなって思ってたら、夕方もうダメ。呼吸ができなくなって、救急車で病院。もう死ぬと思った。だけど、全然じたばたしなかった。あー、俺の人生こんなもんだろうなって、すごくおだやかな気持になって。一命とりとめたら、また楽になったよね。俺、だって、50過ぎてからすごいおおらかじゃん。

（10年サイクルで転機があったんだね？）

本当、そう、30、40、50ね。ただ生に対する執着心っていうのはわかんないけどね。生きるっていうことに対してのね……」

上岡秀昭、昔からの仲間は、〝秀〟〝秀ちゃん〟と呼ぶ。店の名は、マイルス・デイヴィスの『WALKIN』を引用。'76年、青山1丁目の裏通りにオープン。その頃、そのエリアは平屋の民家がひしめく住宅街。夜ともなると闇は濃く、人通りもない。そこに、頼りな気に店の明かりが灯った。店はモダン・ジャズが流れ、常連客用のカウンター席10席、テーブル12席、秀ちゃんがコック修業時代におぼえた軽食に、当時はウイスキーのボトル・キープ、いわゆるモダンなスナックだった。

オープン当初は浪人中の仲間で、すでにカメラマンやデザイナーとして仕事をはじめていた客のたまり場だった。そのうち、気取りもなく、客の一人ひとりが個性的な〈WALKIN〉が口コミで業界に知られてゆく。流行なんてまったく興味のない秀ちゃんの店に、流行稼業の連中が、なぜか顔を見せはじめる。役者なら柴田恭兵、松田優作、風吹ジュン、ミュージシャンでは矢沢永吉もやって来た。

最もユニークな常連客は、いまは亡き三笠宮家の殿下（高円宮《たかまどのみや》）だ。

「昼間やってたおかげだよ。学習院の学生の頃、はじめて来た。昼間うちでアルバイトしてた女の子がお嬢さんが多かったのね。で、殿下とひとりの子が学友だったの。それで赤坂御所からうちまでレコード持って遊びにくるんだよ。昼の2時で閉めると、俺はいったん家に帰るけど、ふたりでレコード聴いてたりね。すっかり遊び場になってたの。夜は来たことがない。大学4年だったのかなぁ。一年ぐらいうちに通ってて、カナダに留学しちゃったの。

で、留学から帰ってきて、ある夜、姿見せてね、秀さん、まだやってるんだって。そのときは宮内庁の人がおつきみたいにひとりついてたのね。それから、夜、しょっちゅう飲みにくるようになって、ウイスキー強くてさ。ただ、育ちがいいから、姿勢正して黙々と飲み続けてるんだよ。で、閉店の時間になっても帰んないのよ。この後、どこ行くんですかっていうから、じゃあ、うちに来る？　って話がまとまって。西麻布に行って飲み歩いて、俺のアパートによく泊まっていっちゃったりね。

殿下はすごく楽しかったんだと思うよ。店に集まってくる、ま、不良だよね、彼らの話を、面白がってよく聞いてたよ。自分のいる世界と全然ちがうからね。だってサラリーマンがいるわけじゃないしさ。それでみんなも、彼が皇族だからって全然気をつかわなくて、〝ノリちゃん〟って呼んでてね。

結婚することになったときも、婚約者の久子さんとの初デートもうちだったのね。秀さん、爽かなひとでしょう、とかいって。

こういう商売やってると、どんな人が来るかわからないからね、面白いんだよ。だけど、うちは不良が多いね。不良が不良を呼んで、でもみんなうちで知り合って、仲いいんだよ、いつまでも」


来年の7月で30年目を迎える。僕も30年通ってるわけだ。30年前とメニューも内装も何ひとつ変わってない。ランチ・タイムも、入院のときに休んだだけで、30年、昼には秀ちゃんがキッチンに入ってる。変わったのは、店に秀ちゃんの絵が飾られていること。40歳から絵を描きはじめたのだ。

「けっこう、売れるの。シルク・スクリーンだけど、お客さんが気にいってくれて、作品によっては売り切れちゃったのもあるしね。あと依頼もあるしね。雑誌や映画ね」
（売れたってことは、じゃあ、プロじゃない？）
「だから画家なんだって。肩書は画家なんだって」

そうだったんだ。失礼いたしました。だけど、僕は秀ちゃんは東京で最高の〝マスター〟だと思うよ。

【ｍａｓｔｅｒ】
①主人、かしら、家長、船長、親方、雇い主
②教師、キリスト
③坊ちゃん、若様
④勝利者
be one's own master　自由の身である

弁護士／第二東京弁護士会副会長

森川文人 ――― 憲法っていうのは、権力側を規制する装置なんです。ラブ&ピースなんです。とくに第9条は『イマジン』そのもの。

「森永さんに会いたいっていう弁護士がいるんだけど、会ってやってよ」

友人のカメラマンにそうたのまれたとき、僕は返答に困った。

弁護士？　なんで、またそんな人種に僕が？　まったく、「なんで？」なのだ。'80年代のはじめに、僕らのような人間ならあってもおかしくない例のトラブルで弁護士のお世話になったとき、すべてが杓子定規《しゃくしじょうぎ》な仕事のやり方で、要するにマニュアル人種なんだと、思い切りシラケた印象が残ってる。

中には面白い人もいるんだろうけど、トラブルを抱えてないかぎりは、こっちから会いたいと思う人たちではない。

「その人、どんな人？」

「森永さんの本、全部読んでて、一度会って話がしたいってことなのね」

「ウーン、じゃあ、会ってみてもいいかな」と受けて、1カ月後、三田の業界系酒場で対面となった。約束の時間を僕は1時間早く間違えてしまい、テーブルについて店の者と雑談していると、まだガラーンとした店内に、髪が少しおったち、黒いシャツの胸元にメタルの首飾り、下は細身の黒のパンツの、かなりとっぽいオトコが入ってきた。

その酒場は、福山雅治が仕事帰りによくスタッフたちと立ち寄ったり、布袋寅泰と豊川悦司が一緒に食事してたり、ジャクソン・ブラウンのコンサートの打ち上げパーティーに使われたりと、業界人御用達の隠れ家なので、その日、2番目に入ってきたとっぽい客もてっきりそっち系のやつかと思った。

ところが、やつはニコニコ笑いながら、僕の方に直進してくる。アレッ、知り合い？誰だっけ？

ロック・ミュージシャンだよな——と一瞬、アタマ高速回転。あっという間に、席につき、「弁護士の森川です」。同時に手をさし出し、かたい握手。の後、

「いちおう、これが僕の名刺です」

名刺は2枚。僕は名刺は持ってない。彼の名前は森川文人。一枚は〝ピープルズ法律

事務所〟、もう一枚は〝第二東京弁護士会副会長〟。ずいぶんと立派な肩書じゃねえか。でも、なりからはまったく弁護士に見えない。さえないスーツで来ると思ってた。

「ロック・ミュージシャンみたいだね」

第一印象をいうと、

「バンドやってんですよ。ロック好きですよ。この間もチャーのコンサートに子ども連れて行きました。チャー、好きですね」

ホント、弁護士？　ホント、弁護士。森川クンとはその日、一夜で、主にロックの話で盛り上がってダチになった。こんな弁護士も、日本にいるんだ。ちょっと、僕はうれしくなった。それから2カ月後、森川クンの新宿の事務所を訪ねた。窓の真下には、新宿御苑の森が広がり、その向こうに、西口の高層ビル群がマンハッタンの一画のようにそびえ立っていた。

窓の外の風景を見ながら、「ここが僕の故郷なんですよ。あそこに見える高層ビルと一緒に僕の背が伸びたようなもんです」と森川クンはいい、じゃあさ、いったい、森川クンはなんで弁護士になったの？　その話、聞かせてよ、と窓辺から離れて奥の別室に入った。

故郷というものが、どこかしらマザーネイチャーとヘソの緒でつながったような、人に〝安らぎ〟をもたらす世界だとしたら、森川クンの生まれ育った街は、世界の一番果てに築かれたバビロンだった。

新宿が彼の故郷だ。

しかも、生年は１９６２年。

物心ついたとき、新宿は〝狂騒〟の時代を迎え、アングラ、サイケ、フリージャズ、反戦デモ、シンナー&ボンド、暴力……もしキミが、'60年代新宿の〝狂騒〟に興味を持ったら、次の映画をＴＳＵＴＡＹＡあたりで借りて観るとよい。

大島渚監督『日本春歌考』『新宿泥棒日記』
新藤兼人監督『裸の十九歳』
松本俊夫監督『薔薇の葬列』

この４本で、充分、その時代の新宿を知ることができる。どれもが、狂った世界だ。

怪物が街をのし歩き、若く飢えた魂を貪り食ってしまうような、おどろおどろしさに満ちている。その物語の舞台となった〝新宿〟まで、実家から歩いて15分ほど、森川クンの幼な心は、〝狂騒〟にナマで触れてしまった。

「実家のある町は、いまは北新宿と呼ばれてますが、昔は柏木と呼ばれてました。'60年代の新宿の記憶ありますよ。小学校入る前から、もう行ってた。街でヒッピーっていうか、フーテンですね、その人たち見てたし、なんかいけない雰囲気は子ども心に感じとってました。だから、幼稚園のときに描いた僕の絵って、ドラッグっぽい。グニャグニャーって、サイケ、サイケですよ、狂ってるの」

森川クンって、もしかしたら、日本で最初のサイケデリック・キッズ!? 恐るべし。もう行く道は決まった。ロックあるのみ。とはいえ、幼稚園じゃ、せいぜいがサイケな落書き。小学校でも、まだ無理。だけど、侵されてゆく。

「僕に兄貴がいて、15歳離れてた。親父が50歳近くの子どもです、僕は。その兄貴が世代的にロック・ジェネレーションなわけですね。ロック・バンドやってて、僕は兄貴のあとくっついてた。それが面白くてね、変な人がいっぱいいるでしょ。兄貴たちのたまり場の店にもぐり込んでみたり、もう、小学校のときにかなりのませガキですよ」

小・中学校は新宿・淀橋。'60年代には、まだ空地があった。

「町の中の空地が、僕らにとって唯一の自然でしたね。それが、あれっ、山ができたと思ったのが、西口の高層ビル。僕らにとって、あそこが故郷の山みたいなもんです」

中学生になって、森川クンは、「町」の子から「街」の子へと進級してゆく。

「中学になると、他の地区からも入学してくるでしょ。それで商店街の子たちと一緒になって、いまでいうストリート系ですよ。雀荘、質屋、居酒屋、八百屋とかの息子たちね。それと、当時はよくわかんなかったけど、在日の子とか、ごちゃまぜになって、みんななかなかのワルでしたよ」

という環境の中で、彼はエレキギターを手にし、ロックにのめり込んでゆく。クリーム、レッド・ツェッペリンに狂う。高校でバンドを結成。だけど、時代はイーグルスの『ホテル・カリフォルニア』の気分、とにかくカルーイ。

「おいおい、ロック魂は、どこ行っちゃったんだよっていう感じ。でも、僕も将来のことなんて何も考えてなかった。バンドやってるだけ。東京に生まれ育つと、東京に行って一旗あげるぞーっていう意気込みないじゃないですか。ハングリーさなんて」

そんな感じで、高校に入り、大学に。「町」から「街」へ、そして「都市」から「全国的」にと、取り巻く世界は広がってゆく。大学（早大・法学部）でも同級生とバンドを組むが、自分なんて出る幕ないと思い知らされるミュージシャンたちと出会う。それまでの自信は総くずれ。バンドはやめよう。そろそろ将来のことを考えなきゃいけない。だけどサラリーマンは勘弁してもらいたい。じゃあ、森川、お前は何になるつもりなんだと自問ぐらいしただろう。

ロックがだめだと、あとは……親父か？

行動こそすべて、と生きてきた親父か？

ヘタなロック・ミュージシャンよりロックしてる親父か？

森川クンの父親は、森川金寿氏、法曹界では有名な〝戦う弁護士〟。戦前から「親父は弁護士として国家や制度に対し戦ってきた人です」。'60年代、ベトナム戦争のただ中には、アメリカによる戦争犯罪を糾弾する〝ラッセル法廷（国際戦争犯罪法）〟に日本代表として参加。

「僕が幼稚園の頃ですね。反戦活動で親父はしょっちゅう海外を飛びまわっていて、家にはいない。だから、親子の触れ合いなんてない。会話もなかったですね。家にいるときも、いまでもよくおぼえてるのは、掘りごたつでふたり黙って本を読んでる。僕は立花隆の『宇宙からの帰還』、親父はやっぱり立花隆の『田中角栄研究』読んでたり。僕が大学入ってもロックばっかりやってるのわかってたんだろうけど、親父は何もいわなかったですね」

そんな親子の間に、一度だけ、しかし決定的なコミュニケーションの瞬間が訪れた。朝鮮大学で学生と警官隊が衝突する事件があったとき、はじめて森川クンは父親に現場に連れて行かれた。その帰り、「ちゃんと勉強しなきゃな」とひと言、父親にいわれた。そのひと言が、こたえた。ひと突き、胸にきた。ボブ・マーリィの〝ゲット・アップ、スタンド・アップ!!〟のようなものか。

森川クンははじめての父親のひと言をきっかけに、突然猛烈に司法の勉強をはじめる。当時、司法試験の合格者は年に500人。競争率60倍。試験は厳しい。生半可な勉強では、その難関にたちうちできない。合格したら、2年の研修期間。全国各地に飛んで、裁判所、検察庁、弁護士事務所の実務体験。そのあと最終試験を受けて合格したら、各々、裁判官か検察官か弁護士か道を選ぶ――「古代中国の科挙みたいなもんですね」。

2年の研修期間中に、たくさんの弁護士に接触して、その仕事にふたつのタイプがあることを知る。

まず、多数派は〝あくまでもビジネス〟が目的。

「ビジネス・ロイヤーっていうか、それが主流派ですね。強いていえば、外国企業との契約交渉を中心とする渉外弁護士が人気です」

少数派のタイプは、いまどき珍しい〝人権派〟、人権のために戦う。

「左翼系ですね。うちの親父は、その代表です。お金なんか度外視して、権力と戦っている。すごく変わってるなーって思ってはいたけど、研修期間でたくさんの弁護士に会って、わかった。親父みたいな弁護士はいないって。教科書裁判も親父の仕事です」

これが、森川クンの目覚めだったのかも知れない。50歳の年齢のへだたり。触れ合いも会話もない親子関係。フツーの通念からすれば〝断絶〟さえも思わせるのに、森川クンと父親との間には、男と男、生き方においてこそ真の絆《きずな》が生まれてくる。〝断絶〟どころか〝同志〟だ。父親は息子にひと言いえばいいのさ。

森川クンは、主流派に背を向け、人権派系の事務所に入る。1年目、早くも闘争に参加。以下は、森川文人事件帖――'90年代という時代が浮き彫りにされる。

（1）　昭和天皇崩御直後、天皇制に抗議する『秋の嵐』の活動を支援。活動は、必ず原宿・明治神宮前の路上。毎回、逮捕者続出。警官、私服との乱闘もしばしば起こり、刑事事件に発展。弁護人となる。

「彼らはメンバーにモヒカンのパンク・ロッカーみたいなやつもいて、けっこうウマがあった。警官にボコボコにやられても、戦ってましたからね」

　彼らのパンクな姿勢に触発されて、森川クンはバンドを結成。ロックと彼らの過激なアジテーションが合体、〈頭脳警察〉のようなものか。以後、『秋の嵐』と共闘。

（2）　職を失ったイラン人が日曜日、代々木公園に情報交換のために集まり出したのが、バブル崩壊後、その数、千人。政府は黙っていない。弾圧がはじまる。警察による「イラン人狩り」だ。森川クンは、連行の現場で、弁護士の腕章をつけて、〝監視弁護〟を警官に主張する。そうすると、弾圧は弱まる。が、警察のブラックリストには要注意弁護士として名を連ねてしまう。

（3）　'96年、新宿西口通路のホームレスの排除に異を唱える。強制排除決行の日、早朝親しくなっていたホームレスから、「今日、追い出されそうです」と彼のもとに連絡が入る。抵抗のために築かれたバリケードの中に、彼は〝監視弁護人〟として立て籠る。このとき、ホームレスのリーダー格3人逮捕。裁判所に戦いの場が移され、彼の弁護活動によって、一審無罪獲得。

「結局は二審で引っくり返されちゃったんですけど、一審で無罪になる確率は1パーセントにも満たない。公安事件だとまず100パーセント有罪です。それが、無罪を勝ちとったときは、自分の励みになりましたね」

ここで故郷・新宿に戻ったわけだ。幼な心に刻んだ、'60年代新宿の〝狂騒〟の思い出が甦る。ホームレスのテント村は、アングラの匂いがした。中にはアーティストもいた。あの時代にも、新宿では闘争は日常だった。故郷での戦いは、森川クンにとって至極当然のことであった。しかし、それは彼が〝故郷の山〟といった、高層ビルのひとつ新都庁との戦いでもあった。

その後もホームレスの支援を続け、通常の仕事としては殺人事件、闇金融のゴタゴタ、作家の柳美里が作品のモデルから訴訟された事件……と、ビジネス・ロイヤーがまず避けて通るような事件を扱ってゆく。

そして、'97年には、憲法の平和主義や人権思想を広めるための集会の実行委員長に就任、ラッパーのランキンタクシー、作家の辺見庸らをゲストに招き、集会を続けている。

「うちの親父のやり方にしても、憲法の発想にしても、僕は'60年代のロックの発想と同じだと思ってる。憲法っていうのは、他の法律とちがって、我々を規制するんじゃなくて、権力側を規制する装置なんです。ラブ&ピースなんです。とくに第9条は『イマジン』そのもの。軍隊を持ってはいけない、戦争してはいけないって規制してるんですから。本来、国家は軍隊を前提に成り立っているのに、軍隊を持ってはならないなんていうのはフツーありえないことで、なんてカッコいいんだろうって思った。この仕事をしていて、憲法を護るところに行き着いた感じですね。2005年は憲法改正議論が噴出するはずです」

〝戦う弁護士〟は父から息子に引き継がれたが、父・森川金寿はいま93歳、活動を続けている。森川クンの6歳になる息子も、早やデモやライブに連れていかれ、6歳児が時々、「有事法制ハンターイ」と家で唱えたりする。

森川家では、〝戦う弁護士〟が3代に及ぶのか。森川クンはいう。

「断絶なんかしてられない」

〈ライステラス〉オーナー

榎田啓一

——木は引力に逆らって生きてゆく。でも、逆らいすぎて、枝が伸びすぎると倒れる。逆らいながらも調和する。そこですよ。

つかず離れず、もう25年、そうだ榎ちゃんがいたじゃないかと、彼が組織から独立して、オーナー2カ月目の西麻布タイ料理レストラン〈ライステラス〉を訪ねて、話を聞いた。

榎ちゃんは、その世界においての奥義・極意をものにしていた。

たとえば、それは、こんなこと。

「この前、有楽町の国際フォーラムでやっていた〝人間の標本展〟見に行ったんですね。そこで、俺がみんなにいってることが、本当に正しかったなと思った瞬間があった。っていうのも、人間の体には心臓もある、脳ミソもある、血管もある。全部あって、じゃあ、何がないか。心がないの、体のどこにもない。生きてる人間と死んでる人間のちがいってそこだけなの。つまり、人間はないもので生かされてるっていうのがハッキリわかった。大事なものは形じゃないんです」

どんな店であれ、うまくいくもいかないも心次第だと、榎ちゃんはいうのだ。実際、その心構えで、14年間に12のレストランとカフェをプロデュースし、そのどれもが業界の常識を打ち破る売り上げをつくっている。

「20歳で、この世界に入って、10年ぐらい、業界の〝型〟にはまったやり方なんてカンケーねえよっていう店で働いてきましたからね。オリジナルの人たちしか、僕、知らないんですよ」

という榎ちゃんは会津若松の高校を卒業して、集団就職のように上京し、繊維メーカーに就職。'77年のこと。両国の大鵬部屋の隣に寮があった。相撲取りと芸者が小路をゆきかう華やいだ下町。榎ちゃんの気持ちも遊びはじめる。

それまでの榎ちゃんは、小学校から高校を終えるまで剣道一筋の硬派タイプ。流行ものにはまったく興味ナシ。プレスリーだけは好きだった、カッコいいと思ってた。それは現在70歳になる母親がプレスリーやマイルス・デイヴィスの熱烈なるファンだったたから。母親に連れられて観に行った映画は全部プレスリー。

「子ども心に、プレスリー、カッコいいと思いました。そのせいもあって、硬派なのにカッコは派手で軟派だった。他人と同じなのが嫌いな性格もあったんですけどね」

東京にやって来て、硬派なんだけど派手好きな榎ちゃんの性格に波が立ちはじめる。ちょうどその頃、原宿に、最先端の流行となるレストラン&バーが登場しはじめた。榎ちゃんは、その中で一番とんがっていた〈シネマクラブ〉に通い出す。その店で、バーテンの師匠となるデニーと出会う。

デニーはニューヨーク帰りの日本人。その頃、まだバーテンといったら蝶タイ姿が定番だったのに、デニーはボブ・マーリィのようなルックスをし、カウンターの中でレゲエで踊りながらシェーカーを振っていた。水商売界の革命児だった。デニーはギターの代わりにシェーカーを持ったロッカーだった。

そのデニーと田舎から上京してきたばかりの榎ちゃんは出会ってしまった。しかも町で偶然出会った高校の先輩に誘われて、上京して1年半目、青山のスーパー〈ユアーズ〉に職場を移った。〈シネマクラブ〉が近くなり、榎ちゃんは毎晩のように遊びに出かけてゆく。デニーとは一緒に新宿のディスコに踊りに行くようになる。

’79年、六本木〈トンフー〉オープン。〈トンフー〉は一世を風ビするレストラン・クラブとなり、その存在は世界にも知れ渡った。デニーはバーのボスとなり、榎ちゃんは経験ゼロだったのに、面白いやつだからと、デニーから〈トンフー〉に誘われた。

「スポンサーの会社が堅いところだったんですね。面接、困った。だって、僕、ものすごいカッコしてたんですよ。紫色のパンタロンに、髪はエチオピアの黒人みたく、チリチリにパーマかけて、うしろが筒のようにとんがってるっていう。ソウル・シンガーですよ。まぁ、受かったんですけどね」

そのとき、榎ちゃん20歳。フロアーの仕事についた。お客さんから〝ダイキリ〟のオーダーをうけた。

「うちは小ビンしかないんです」と榎ちゃん。

「何いってんだよ、〝ダイキリ〟だよ」

「すいません、うちは小ビンしかおいてないんです」

「……?」

榎ちゃんは〝ダイキリ〟のことを、キリン（ビール）の大ビンと勘ちがいしていたというんだから、「カッコだけは最先端だったんですけどね。というのも〈トンフー〉は働いてる者がお客さんより派手でカッコよくなくてはダメっていう暗黙のルールがあって、僕もそうだったんですけど、中身は田舎者じゃないですか、何も知らないし、世間知らずですよ」。

3年目にデニーのアシスタントになり本格的にバーテン修業。何百種類ものカクテルをつくれるようになる。5年半つとめて、榎ちゃんは〈トンフー〉をやめた。

「〈トンフー〉で一番思ったのは、ハッキリとコンセプトがあったじゃないですか。物質文明の西洋に対して、精神文明の東洋の、東の風を吹かせる東風〈トンフー〉って。だけど、僕は接客が面白くてしょうがなかった。つかず離れず、お客さんとの間合いがすごく大事なことだって気づいて。コンセプト面よりも、酒づくりよりも、そこにはまっちゃいましたね」

意外や、意外。最先端を謳《うた》う文化の現場で、榎ちゃんが剣道で習得した硬派の面、何よりも〝間合い〟が生かされてゆくようになったのだ。

すげえ、深い世界だなと思った。

店だけでなく、人づきあい、モノづくりすべてにも当てはまる奥義《おうぎ》があるなと思った。

〈トンフー〉を離れて、榎ちゃんは1年、六本木のバーにバーテンで入った。'87年、再びデニーの元で働くようになる。そこは、麻布十番〈スターバンク〉。僕は毎晩のように遊びに行った。布袋寅泰とよく行っては、オリジナルカクテルのピーチダイキリを飲んだ。ふたりで一晩36杯飲んだこともあった。そのぐらい、デニーや榎ちゃんのつくるカクテルはうまかった。

〈スターバンク〉で榎ちゃんは、いっぱしのバーテンになった。だが、〈スターバンク〉は3年間で閉店。バブルに浮かれた時代が終わりをつげる頃だった。

榎ちゃんは、常連客のひとりだったアパレル・メーカーの社長に声をかけられた。それは西麻布にオープンするタイ料理レストランのプロデュースをしてみないかという誘いだった。西麻布といっても、場所は青山墓地が近い100パーセント住宅地の中。条件が悪い。しかも、いまでこそタイ料理レストランは東京ではポピュラーだけど、'90年代のはじめにはマイナーだった。榎ちゃんは、逆に、やる気になる。それも、まったく新しいスタイルのタイ料理レストランにしようと動き出す。

アパレル・メーカーの飲食部の主任におさまり、まずはタイに飛んだ。会社のツテで、上流社会をリサーチ。それまで知らなかったロイヤル系のタイ料理を見て、ぶっ飛ぶ!! ラッキーにも、ラマ5世の宮廷料理のレシピを手に入れた。それで西麻布にタイ料理レストラン〈ライステラス〉がオープンの運びとなったが……

「同業者からは、お前はバカか天才かの、どっちかだって笑われました。変な意地もあって、どうせわかんないんだから、宣伝しないで客集めしようと思って、口コミだけで最初いったんです。それに、よくあるレストランのマニュアル的なやり方は全部排除した。僕が思うに、ゴチソウサマまではマニュアル、楽しかったっていってもらうのが一番。そこで、どうやって楽しんでもらうかものすごく気をつかった」

ということで、榎ちゃんが修得した店商売の心得は……

1、客は活きた人であり、その人が面白い。
2、店の扉を開けた瞬間、あったかいと感じてもらえる空気をつくる。
3、店は建物だけど、それは生き物だから大事にしないと死ぬ。
4、スタッフが楽しんでないと、絶対ダメ。暗いところには人が集まらない。
5、大きな時代のうねりを上手くとらえてゆく。
6、どれだけ力を抜けるか。抜かないと、客は入ってこない。
等々。

結果、〈ライステラス〉は大成功をおさめ、以後、榎ちゃんは飲食部の主任として12軒のレストラン、カフェをプロデュース。渋谷にオープンしたミッド・センチュリー・スタイルのカフェは1杯5、600円のコーヒーを売って、月に1200万円売り上げた。

榎ちゃんが現場を離れると、何ひとつ店は変わってないのに、1カ月の売り上げが500万円も落ちてしまう。心得のいくつかが薄らいでしまうからだろう。

晴れて、榎ちゃんは2004年10月、独立。最初にプロデュースした西麻布〈ライステラス〉のオーナーとなった。

榎ちゃんは、業界では、そのキャリアからしてアウトサイダーだ。自らの生き方を、榎ちゃんは、〝木〟にたとえる。

「木を見て思うんですね。木は引力に逆らって生きてゆく。でも、逆らいすぎて、枝が伸びすぎると倒れる。逆らいながらも調和する。そこですよ」

榎ちゃんは、必要なものは向こうから現れると信じている。

「CD買うときも、本買うときも、事前に決めないで行き、パッと手にとっていくと、不思議に同じようなものだったりするんですね。それがいまの自分に必要なものなんだなって思う」

ラマ5世のレシピも偶然手に入れた。

榎ちゃんは、いまも武道を学んでいる。

「剣道では、腹でうけるといいます。つまり店ならば中心部に人をひき込んでうけるということなんです。アタマじゃなく、心で接するんです」

剣道を通し、榎ちゃんが学んだことは、攻める間合い。一方、榎ちゃんはニューヨークのアクターズ・スタジオが日本で年1回開いていた夏期講座に3年通う。

「いかに自然に演技するか、そのためには想像力を使って、その場の空気を読む、感じる。それも瞬間的に集中して、瞬間的にゆるめる。そのトレーニングをやって、役者の間合いを学んだんです。剣道が攻めなら、役者は包容する間合い、包み込む力ですね」

という榎ちゃんは、あのお客さん、どーしてるかなと思うと、必ずその人が店に現れる、という力をさえ秘めている。

榎ちゃんは、僕がクラブでパーティーを開くと、ものすごいカッコいいスカジャン姿で、あの20歳の頃とおんなじブッダ・スマイルでやってきて、気がつくと、フロアーで踊っている。そこだけ、空気があったかい。陽なたの匂いが漂ってる。

そうだ、榎ちゃんは、つかず離れず、みんなの〝友だち〟なんだ。

街の片隅に、心もて陣をはれ!!

″CRAZY KEN BAND″リーダー

横山 剣 ——— そのグシャグシャな感じ。そういう混沌から パワーが生まれてくるんですよね。

これほど騒がれる前から、僕のまわりに剣サンの熱烈なるファンの女たちがいっぱいいた。その女たちに共通しているのは、先読む勘が強いような、小ジャレたものをバカにしているような、どこか笑えるものが一番カッコいいと思ってるような、けっこう気になる女たち。

その剣サンを、僕は、彼がダックテイルズで活動している頃から知っている。'80年代の半ばだ。六本木の〈シンガポールナイト〉というライブ・ハウスにダックテイルズはハコバンで出演していた。

その頃、僕は〈シンガポールナイト〉に歩いて3分ほどの裏町にオフィスをかまえていて、よく、仕事が終わるとダックテイルズのライブを聴きに行っていた。それはそれは熱狂的なライブで、狭い店内でミュージシャンと客がカーニバル状態の坩堝《るつぼ》に必ずなだれ込み、シャウトする剣サンの傍ではグルーピーの女の子が素っ裸になって踊っていたり、ライブが終われば、床にひとり、ふたり失神した女の子が倒れていた。

その剣サンの傍で裸になっていた女が、知る人ぞ知る東京で最もヒップなアンダーグランド・スナック〈カスバ〉のママに現在なっている。

実に久しぶりに再会したのが、昨年のはじめ。場所は昔からクレイジーケンバンドのファンだった女に誘われて行った横浜・長者町《ちょうじゃまち》の〈フライデー〉。

店内は〈シンガポールナイト〉と同じ匂いがした。狭く、客がぎっしりつまっている。ステージも客席もいっしょくただ。ショー・タイムの時間になって、店内に入ってくるメンバーたち。僕の席の前を通りすぎてゆく剣サンに、なつかしさのあまり声をかけたら、おぼえてくれていて、「いやー、久しぶりです。ナベさんどうしてますかネー」と、いきなり昔話。ナベさんとは『ドロップアウトのえらいひと』で紹介しているが、渡部眞一のこと。彼が〈シンガポールナイト〉のオーナーだった。一瞬で、話がそこまでフラッシュ・バックしてしまった。僕もそうだが、剣サンにとっても忘れ難い日々だったのだろう。剣サンは昔気質《かたぎ》の人なんだな。

今年の8月中旬には、ある仕事で剣サンと横浜のオフィスで会い、2時間ほど話をした。本題から外れて、高校生だった頃の話になった。

剣サンは高校生の頃、もうアメリカから大量に古着を仕入れて、横浜や原宿のショップにおろしていた。そんなことをやっていたから、留年が重なり、何年も高校2年生のまま、横浜から青山に引っ越し、定時制高校に転校。古着のおろしは続けていた。

通学路に、剣サンは〈チョッパー〉というショップを見つける。そこに古着を持ち込んだら、なんと、クールスR.C.のリーダーがオーナーと知った。クールスR.C.のファンだった剣サンはあわてて古着をひっ込めて、代わりにリーダーのサインをもらった。

剣サンは客として〈チョッパー〉に通うようになった。なんかチャンスがやってきそうだという勘がはたらいた。それが見事に当たった。ある日のこと、突然、リーダーから明日ツアーに参加しろと誘われた。クールスR.C.のサポートメンバーがひとり解雇になり、その分の飛行機、ホテルの予約に空きができた。それを埋めるために、ちょうど剣サンがピッタリだったんだろう。ローディーとなって剣サンはツアーについて行った。

そのときかぎりの話かと思っていたら、ナ、ナ、ナ、ナント!! 3年間、クールスR.C.のローディーをやることに。その一方で、〈チョッパー〉の仕事もやり、'79～'80年頃、全国から原宿に押し寄せてくるローラー族や修学旅行の学生たちに、表参道の交差点で、チラシを配ったりしていた。

そうか、そうか、という感じだ。〈クリームソーダ〉とか〈ペパーミント〉とか、リーゼントの店員が、あの頃、交差点で張り合ってチラシまいてたもんな。

で、クールスR.C.の方は、ローディーからマネージャーに昇格。そのあとはファンクラブをまかされ、ある日、人事異動の通告があった。「人事異動」とホントにいわれた。まるで〝駅前〟ロカビリー商事だ。剣サンが今度はなんですかと聞くと、ナ、ナ、ナ、ナ、ナント! メンバーだった。

剣サンは、正式にクールスR.C.のヴォーカリストになり、デビューした。こんな風にプロのミュージシャンになったのは剣サンだけだろう。

それが'81年。それからクールスR.C.をやめ、ダックテイルズ、ザズー、CK'Sを経て、〝CRAZY KEN BAND〟を結成。昨年、10月1日には武道館公演を成功をさせることになる。その期間、二十数年。ついに、ヒノキ舞台に立つ!! かと思いきや、武道館公演の3日後には、地元・横浜の〈フライデー〉に出演。剣サンは、街に帰っていく。そんな風に、音楽を楽しんでいるのは剣サンだけだろう。

「それって、やっぱり、コトバ悪いですけど、僕ら水商売の世界から出てきてるわけで。そこはひとつ残しておきたい。ホント〈フライデー〉はナイト・パブ。イギリスのパブ・ロックじゃないけど、ひとつキープしておきたいんですね。F1っていったらモナコみたいに、なんら抜きどころない。そういう意味で大事にしたい。場所もいいしね」

と剣サンはいう。

楽屋は2軒隣の中華屋の店内だった。そのことをいうと、

「(手を叩《たた》いて喜んで) そうそう、ハッハッハッ。もうひどい店なんです。夢も何もない。なんかまき餌の匂いがする。その匂いは嫌なんだけど好きっていう。僕らが演奏してる前を従業員が平気で通ってるし、お客さんがステージの横のトイレに行ってたり、もう、ひどい店なんです。地獄絵図のような、ハッハッハッ。でも、そのグシャグシャな感じは〈シンガポールナイト〉のときもそうで、そういう混沌《こんとん》からパワーが生まれてくるんですよね」

と剣サンは笑う。

すべてのキッカケは、高校2年生のとき、気になってたまたま入った古着屋。なんら特別なことではない。だけど、剣サンは、そこで先読む勘みたいなものが作動したんだろうな。そういう勘の強い女たちが、最初にクレイジーケンバンドを好きになったんだろうな。それがまた、けっこう気になる女たちなんだよな。

そうだ、そうだ、コレだけは絶対書いておかなくては。クレイジーケンバンドの武道館公演、何がすごかったかって、一瞬見せた剣サンのツイスト、それはまさしく'70年代の原宿のストリートを生きていた証《あかし》だった。めちゃくちゃカッコよく不良っぽかった。

クレイジーケンバンド　オフィシャルウェブサイト　http://www.crazykenband.com/

CGデザイナー／東京藝術大学教授

藤幡正樹 ――子どもの頃からメカ少年だった。趣味で変てこりんなことやっていたら、いきなりY・M・Oのテクノ・バッジつくってくれって。

レンタル・ビデオ・ショップの1本500円の放出品で『シャイニング』を買って、久しぶりに観た。何度か観てるが、今回、気づいたのは、ものすごい啓示が隠されていたことだ。前は雪に閉ざされた山中、そこのホテルでの極限的閉塞状況下のパニックを、エンタテインメント重視で描いた作品ぐらいにしか思ってなかった。

監督はスタンリー・キューブリック。彼の作品の中では一番ヒットしたが、一番の駄作とキューブリック・ファンからはソッポをむかれた。

今回、驚いたのは、気が狂ってゆく作家志望の男（ジャック・ニコルソン）が終日タイプライターに向かって打ち続けていた原稿の内容。

ひとつのフレーズが延々とくり返されて続くだけ。それは、「働いているだけで、遊びのない生活は人を狂わせる」というもの。

冬の雪山じゃなくても、我々が暮らしてる文明社会の大都市でも、人が狂っていくのは、同じことなのではないか。

"All Work and No Play"

だと、人は狂う、とキューブリックは、そのことをこの映画で人に伝えようとしたのではないか。原作はスティーブン・キングだが、映画になったら監督の作品だ。強いメッセージを仕込んでいた。

すごくよくわかる。

遊びが自然と仕事になり、仕事の中に遊びの愉しみを見つけるのが一番いいんだろうね。

でも、はじめにあるのは遊びだ。

遊びこそが尊いものである。だから子どものように遊べ、と詩人の北原白秋はいった。

子どものようにとは、夢中とか無心とか、時が経つのも忘れてとか、食べるのも忘れとかいったことか。

横浜で高校時代を過ごしている頃、藤幡クンはアニメーションの虜《とりこ》になった。といってもTVのアニメではない。アニメーションそのものが持つ魔法に心を奪われたのだ。こういうことだ。

「理科の本に、フィルムには1秒間につき18コとか24コとかのコマがあって、それを映写すると動いて見えるって書いてあったのを読んで、すごく驚いたのね。で、僕は、これは面白いことができる技術だなと思ったのに、TVや映画でやってるアニメを見るとつまんない。たとえばの話、動くことの面白さを追求することを考えたら、鉄腕アトムが歩いているうちにコーヒーカップや犬になってもいいわけじゃない。そうやってアニメーションをテクニカルなレベルで考え直したときに、この技術はもっと変てこりんな表現ができる、もっと奥に自由がひそんでいるなと思ったんだ」

アニメーションは〝変てこりん〟なものをつくるためにある、彼は高校生のときにそう気づき、友人の父親の8ミリカメラを借りて、いきなり作品制作に突入した。どんな内容かというと、これが実に〝変てこりん〟――レモンがオッパイになっていくやつ(これは300枚近い絵を自分で描いた)、校庭に突き刺したたくさんの傘が勝手に踊るやつ、とまあ、意味やストーリーのないアニメーションの原点といえるような作品を、親に隠れて悪友たちとつくっていた。

「最初は遊びでやっていたんだけど、そのうちアニメ作家になりたいって思うようになっちゃってさ。とりあえずは親を満足させるために大学に入って、それからアニメ・スタジオに行こうかなと思ってたのね」

大学は芸大のグラフィック科。大学院まで進み、結局、6年間在学。その間も、映研の16ミリカメラをひとり占めし10本近い作品をつくった。

「映研に入ったわけじゃないんだけど、僕が学校のカメラを勝手に使って、成績の悪い連中たちと遊んでたって感じかな。他の連中がバンドやってて、僕が演奏を撮ったり、相変わらず変てこりんな、たとえば石ころをたくさん拾ってきて、その石に絵を描いて、石と絵が同時に動いていくっていうアニメつくったり。ひとコマずつ撮って、上がってきたフィルムを上映するときの興奮ってないよねー」

アニメ熱は高まるばかり。しかし、彼が理想とするアニメーションは、世の中にとってみれば、ただの遊び以外の何物でもない。というわけで、彼は卒業後はグラフィック・デザインの仕事をしてお金を貯めて、年をとってから趣味でやろうとあきらめた。

ところが卒業後、グラフィック・デザインの仕事のかたわら、趣味でつくっていた電子回路の光るオブジェがトレンディな業界の関心を買い、その頃、全盛期にあったY・M・Oのキャラクター・グッズに採用されてしまう。

「子どもの頃からメカ少年だったからね。趣味で変てこりんなことやっていたら、いきなり知り合いを通じてY・M・Oのテクノ・バッジつくってくれって注文がきて、ピカピカ光って音の出るバッジを5千個ぐらいつくったんだ。川崎の下請《したうけ》工場のおばさんたちと一緒にね。それを、あるマイコン雑誌の連中が興味持ってくれて、新しいプロジェクトがはじまるから一緒にやらないかって誘いがあったのね」

そのプロジェクトが日本で最初のCGスタジオ、いまはなき六本木・WAVEに開設された〈セディック〉だった。26歳で、彼はいきなり最先端のテクノロジーの開発デザイナーになってしまう。コンピュータはあるけど、日本人の誰ひとりとしてそれを使って表現できる者がいないという時代だ。もちろん彼にも経験はない。文字どおり、すべてはゼロからはじまった。

彼はエンジニアたちと２本の映像作品をつくった。１本は曼荼羅《まんだら》をコンピュータで動かした『曼荼羅』、もう１本は抽象的な図形の結合の動きがセックスを連想させる『弥《み》勒《ろく》』——僕はその２本の作品を見たときに、これは完全なるアニメーション、とんでもなく〝変てこりん〟な映像だと思った。コンピュータによるアニメーションだったのだ。

彼は、またたく間にＣＧアーティストとして脚光を浴び、ＮＨＫの『ＮＣ９』のタイトル映像や『ベスト・ヒット・ＵＳＡ』でおなじみのブリヂストンのロゴ映像、テレビＣＦなどを発表していった。それによってＣＧがお茶の間に登場することになった。

'87年、彼は初めてのＣＧ展を行なった。会場を訪れた者は全員衝撃をおぼえた。ＣＧ＝映像という常識をあざ笑うかのように彫刻が並んでいたのだ。

「コンピュータと接続した工作機械があって、それはオーディオ機器らの鋳型《いがた》をつくる工業製品用なんだけど、僕はそれをアートを表現する道具として使ってみたのね。コンピュータの工作機械は、僕の考えたデザインを完璧に立体にしてくれたんだよ。そんなことやったの、世界ではじめてじゃないかな。それが僕のＣＧ作品なんだよ」

そのＣＧオブジェは人間の想像力とコンピュータの技術力が完全にひとつになった、何か、〝神の創造物〟といってもいいような美しさが張りつめていた。こんなものを平気でつくってしまう藤幡正樹は、やっぱり〝変てこりん〟なやつだと思った。

彼は慶應大学の教授を経て、いまは東京藝術大学の教授だ。

慶應大学には、その昔、ものすごく変わり者の学生がいた。アインシュタインが来日し、慶應で講演したとき、アインシュタインとタメで物理学の話をし、卒業後は小説家としても活躍、CGのようなメカニカル画の達人でもあり、才にあふれていたが、結局はサボテンの温室栽培に取りつかれていった。

彼は、名を龍胆寺雄といい、稀代《きたい》の変人であった。

藤幡クンも、そんなカンジがするんだ。

〈VANCE〉オーナー

田中和彦

人の建前と本音が、カウンターの中にいるとよく見える。その両面があって、人は面白い。

世界広しといえども、小学生ですでに晩シャクが習慣になってたなんていう人間は、田中クンをおいて他にいないだろう。

それも、ちっちゃなコップに、親がキリンビールをついでくれてたというし、親戚の家を訪問したときは、まったく酒の飲めない父親が「代わりに飲め」と子どもの田中クンに飲ませていたそうだ。

「子どもなのに酒がうまいと思いました。もうジュースなんか飲んでる場合じゃないと。晩めしのとき、毎晩、飲んでました」

で、田中クンはいま33歳。ちゃんと恵比寿でバー〈VANCE〉の主人。店はコンクリート打ちっぱなしをセメント仕上げにしたようなスペースに、〝勝負かけてる〟と感じさせる板一枚の素のカウンター。座ると正面の壁に絵師・早乙女道春のパノラマ風景画。他につまらん装飾はない。流れる音楽はモダンジャズ。

「たまにクラッシュも聴きますけどネ」

エッ!? クラッシュ!?

「パンク、好きだったんですよ、田舎にいた頃は。セックス・ピストルズにはまってました」

小学生で酒にはまり、えーと、パンクにはまったのは?

「15歳ですネ」——田舎は福井。天才ダブ・トランペッターこだま和文も同郷。15歳でパンクの衝撃をうけた。友だちたちはいっせいにバンドを結成。だけど田中クンはバイクに燃えた。ワルの仲間が集まると、誰かの家でパンク聴きながら酒飲んで、夜中、走りに行く。無軌道ってやつだ。

18歳まで、そんな日々。大学行く気もない。高校終えて、みんなは大阪に進学、就職で出て行った。田中クンは将来のこと、何も考えてない。だけど、みんなが大阪なら自分は東京にしようと18で上京。外車が好きだったので、中古車の雑誌買って求人広告で、世田谷の中古車屋に仕事をみつける。

パンク熱は落ち着いていたが、原宿に出かけているうちに、ロカビリー系のファッションにはまってしまった。行きつけのショップは〈ペパーミント〉。中古車屋の仕事に少しあきてきた頃、〈ペパーミント〉に誘われて、週1の店員。気がついたら毎日働いていた。行き当たりばったりの東京生活……。

だけど、田中クンは偶然、自分の軌道をみつけた。

「10年前ですネ。服屋の仕事終えて帰るとき、原宿のゴチャゴチャした通りなんですけど、いつも気になるバーがあったんです。で、ある夜、入ってみたら、なんていったらいいのか、こんな世界があったのか⁉ ってすごい衝撃をうけたんです。カウンターが真っ白のホウロウ製で、とにかくカッコよくて、気持ちよかった。それから金なかったんですけど、千円札握りしめて毎晩通いました。そこ、酒高かったんで、1杯しか飲めなかったり。残業で仕事遅くなったときも、閉店間際のバーに1杯だけでも飲ませてくださいって電話したり、そこの空間にずーっといたいなって思ってました」

バーの名は八角形を意味するイタリア語の〈ボッタゴノ〉。それはパンク以上の衝撃だった。小学生から呑んべえだった田中クンの血が騒いだのだろう。漠然と東京に求めていたカッコよさを、そこにみつけた。

通ううちに、服屋のときと同じに、そんなに酒が好きなら、「田中クン、やってみない」と声をかけられ、即決。3年つとめた服屋をやめた。バーテンははじめてのこと、ゼロから酒づくりを学んでいった。1年目で系列店の恵比寿のバーに移り、と店を変わりながら10年のバーテン稼業。去年の8月に独立して、〈VANCE〉をオープン。

「すごくいいバーができた」と早乙女クンに誘われて〈VANCE〉を訪ねたのが去年の10月頃。入ってすぐに、もう好きで好きでしょうがない人間がやってるんだっていう生《き》を感じた。まじりけのない生のままの酒場。だから、いて気持ちいい。

田中クンは一見好青年風。だけど、いいビールがあるんですよとすすめられて、最近2、3度飲んだのがブルックリンの地ビール〝ブラックチョコレート〟。キエーッ、ドラッギー!! すごくない? この酔い。完全、はまっちゃった。

田中クンは酒が好き。パンクとモダンジャズが好き。それだけで十分人生エンジョイしてる。その上、田中クンは池波正太郎の『鬼平犯科帳』も愛読していて、こんなことを淡々というのだった。

「人間って善いこともするし、だけど悪いこともする。それが人間ですよ。たとえば、うちに女のお客さんが男の人と一緒に来たりしますよネ。で、男の人がトイレに行った瞬間に、女の人がふと見せる仕草見ると、あー、ワルだなーってわかったり。そういう人の建前と本音が、カウンターの中にいると、よく見えますから。だけど、その両面があって人は面白いと思うんですネ。それが『鬼平犯科帳』の面白いところで、人を平気で殺しながら、一方で子ども助けてるみたいな」

という田中クンにも、ちょっと仕置き人のような風情がある。

それはクールってことだけど。

池波正太郎のいうことは、僕はよく聞くようにしている。たとえば、何の商売でも、「クチコミの人気というのが一番強いんだよ。長続きするんだよ」

だってさ、田中クン。

〈レッドシューズ〉オーナー

門野久志——10年先の自分の姿が見える。先輩見てればどうなるかわかる。そういうレールが敷かれた人生がイヤになってきた。

自宅のある町の駅前にＴＳＵＴＡＹＡがオープンしたので、さっそく出かけて最初に借りた1枚がＤＶＤ版『太陽を盗んだ男』。作品をまったく撮らないのにカリスマ監督として知られる長谷川和彦の作品。主演は『勝手にしやがれ』の頃の沢田研二だ。いまから25年前の作品なのに、少しも古くない。ゾクゾクする場面の連続だが、中でも一番冴えているのが、原爆をつくろうと、原子力発電所にプルトニウムを盗みに主人公が潜入するシーンだ。25年前にあれほどのＳＦ調のシーンを撮っていたとは、驚きだ。あの原子力発電所はセットでつくったのか、宇宙船の内部のようだった。

このＤＶＤを観て、まだ興奮が体の中に残り火のようにくすぶっている3日後にモンちゃんに会ってインタビューした。話は実際の原子力発電所のことからはじまった。

意外や、意外。人生は意外の連続だ。

「僕は福井の田舎に生まれてるんですね。家は旧家で、僕は長男です。田舎だから、長男が家を継いで、親の面倒をみるっていう図式があるじゃないですか。それにのっからなければならないような。

そのために、僕は地元で一番大きい会社に入ろうと、関西電力に入社した。サラリーマンです。それも勤務先は原子力発電所。そこの運転員です。発電所は美浜と大飯と高浜にあって、僕が配属されたのは美浜です。それが1983年だったかなぁ。

サラリーマンになって、それはそれでいいんですけど、やっぱり自分の将来って決まってくるじゃないですか。大きな会社であればあるほど。10年先の自分の姿が見える。先輩見てればどうなるかわかる。そういうレールが敷かれた人生がイヤになってきたわけですよ。

他の世界の空気もちょっと触れてたんですね。それはサラリーマンやりながらちょこちょこバイトしてた店があって。クラブっていうか、田舎なんで何でもアリの店ですね。

そこでＤＪやったり、ね。僕はストーンズが好きだったんでロンドン系のロックンロールかけたり、ユーロビートもかけたりっていう、何でもアリの店です。そこで友だち集めてバンドやってみたり。

その店のマスターが、僕より8つ上だったんですけど、すごい進んでたんですね。僕の頭の中にはロックンロールしかなかったんですけど、マスターが他の音楽教えてくれたり、ファッションセンスもよかった。僕は影響うけましたね。その人が、僕に店をまかせたいっていってくれたのがキッカケで、僕はサラリーマンやめようと思った。

サラリーマン、イヤだと思いながら、その不満が大きくなったり小さくなったり、それで店やらないかって話が引き金になって爆発した。25歳のときですね。サラリーマンやめようと決めた。両親は僕がアタマがおかしくなったと思ったみたいだったし、上司も同僚もみんな、何を考えてるんだって反対した。だけど、僕はもう決めてしまった。でも、どうせやめるんだったら、田舎の店やるよりも、東京に出て行って何もかも新しくやり直そうと思ったんですね。

だけど、ものすごく不安だった。その不安を吹き飛ばしてくれたのが、森永さんの書いた『原宿ゴールドラッシュ』だったんです。

やめる直前に、高浜の発電所に出張で研修に行ったんです。そこで働いている同僚がいて、そいつは富山の出身だったんですね。富山はロカビリーがすごいでしょ。そいつもロカビリーのファンで、僕と音楽の話が合った。すごく仲良かったんですね。で、研修が終わって美浜に戻るバスの中で発車を待ってたわけです。そのとき、俺は会社もやめるし、その後俺の人生はどうなってしまうのかなって考えていたら、猛スピードで走ってきた車がバスの横に停まって、車の中からそいつが出てきたんです。で、バスの窓越しに1冊の本をさし出した。

その本が『原宿ゴールドラッシュ』だったんです。それを読んでやる気になった。やりたいと思った。それはやつのメッセージだったんですね。

で、'89年に、会社も家も町も全部捨てて、東京に出て来たんです。何もアテもツテもない、友だちもいない。だけどお金はあったんで、最初、池袋のウィークリーマンションに泊まって、ひとりで東京をプラプラしながらアパートを探したりしたんですね。そのうち仕事をしようと思って『フロムA』をパラパラめくっていたら、〈芝浦インクスティック〉の求人を見つけて、〈インクスティック〉のことは田舎にいても知ってた。で、スケジュールもあって、そこにシーナ&ロケッツ、ロンドン・ナイト、ミュートビート、サンディ&サンセッツとか、自分の好きなアーティストや有名なイベントの名がズラッと並んでて、このライブ観ながら働けるんだったらサイコーだなって、それで履歴書書いて行ったわけです。

で、採用になったんですけど、勤め先は〈インクスティック〉じゃなくて〈レッドシューズ〉だった。

僕は面接のとき、将来は自分の店を持ちたいっていっていて、それなら〈レッドシューズ〉の方がいい経験になるんじゃないかって、まわされたんですね。

〈レッドシューズ〉でも面接があって、営業中に行ったら、ものすごいカルチャー・ショックをうけて。高いカウンターに、外人のモデルのおねえさんがズラーッて座ってて、ジュークボックスからはストーンズが流れてた。もう、ビックリしましたね。すべてがカッコよすぎて。

採用が決まって、仕事は最初、洗い場です。営業時間は夜7時から朝7時、早番と遅番あって、僕は夜11時からの遅番でした。毎晩ものすごい客だったんで、ひたすらグラスや皿を洗ってるだけ。だけど、カウンターの中で働いてるんで、お客さんとは話もできるようになって、すぐに仕事が面白くなった。モッズの森山さんやシーナ&ロケッツの鮎川さんは夫婦で仲よくしてもらったり、あとは小原礼さんや（高橋）幸宏さんとかですね。

で、〈レッドシューズ〉に入って3カ月後、ストーンズが来日した。初来日のときです。その前に、ミック・ジャガーのソロとか教授（坂本龍一）のツアーでコーラスをやってるバーナード・ファーラーというシンガーがいて、彼が〈レッドシューズ〉が好きなんでよく来てたんですね。バーナードはハービー・ハンコックのバンドでヴォーカルもやってます。バーナードはオーナーの松山と店長の吉岡とも仲がよくて、ストーンズのツアーで来たときに、バック・ステージ・パスをくれたんですね。それだけ〈レッドシューズ〉とストーンズ・ファミリーのつながりが深かった。そのバック・ステージ・パスで僕もストーンズの楽屋に入りました。

東京に出てきて、4カ月目とかですよ。

夢見てるみたいでした。

〈レッドシューズ〉はすごいと思った。

その初来日のときは、バーナードがロン・ウッドを店に連れてきて、あとボビー・キースも来て、ストーンズの裏方の主要メンバーはみんな〈レッドシューズ〉に来ましたね。

他にロック・ミュージシャンで、僕が店で会ったのは、クラッシュ解散した後のジョー・ストラマーとか、ハバナ・スリー・エムをやってたポール・シムノン、ハノイロックスのマイケル・モンローとか、スマッシュ代表の日高さんが打ち上げで連れて来てたんですね。

僕が店長になったのは27歳のときです。店長がやめて、誰にしようかっていうとき、俺にやらせてくれって松山に志願したら、じゃあ、おまえがやってみろって、東京に出て来て2年弱ですよ、27歳。

で、僕が店長になった頃、もうバブルは崩壊していて、東京の夜の遊びも地味にはなったんですけど、〈レッドシューズ〉の勢いはありましたね。っていうのも、僕と同世代のミュージシャンが勢いづいてきたんです。X－JAPANとかバクチク、レピッシュ、ユニコーン、それに吉川晃司さんや布袋寅泰さんとか。夜の遊びが新しいジェネレーションに引き継がれていったんですね。そことうまくリンクした。

僕と同世代だから、すぐ友だちになれた。生きてきた時代背景が同じだし、音楽の趣味も同じだったりして、話が合うわけですよ。そうなると、俄然仕事も面白くなって、ミュージシャンたちも打ち上げに〈レッドシューズ〉を使ってくれるようになって。彼らは、とくにバクチクが一番だったけど、酒が好きで、打ち上げで、店の酒飲みつくしちゃいますからね。

’96年までですね、〈レッドシューズ〉にいたのは。クラブ全盛の時代になって、青山の〈アポロ〉とかすごい頃です。松山がクラブにしようといい出して、誰もそのことには何もいえない。僕も、わかりましたって同意したけど、心の中では〈レッドシューズ〉はそれまでのスタイルでやるべきだとは思ってた。結局、松山とぶつかって、’96年にやめたんです。

その4カ月後31歳で〈ラリー〉をはじめたんです。はじめての自分の店ですね。まずは音楽だと。田舎の実家からレコードを持ってきたり、3日に1度はレコード屋にレコード買いに行ったりして、レコードを揃えた。主にロンドン系でしたね。クラッシュ、スペシャルズ、マッドネス、それにストレイキャッツにジョニー・サンダース。

お客さんはミュージシャンが多かったですね。バクチク、X－JAPAN、吉川さん、奥田民生さんとかですね。

〈レッドシューズ〉の頃は、僕は雇われだし、お客さんとも距離がどうしてもあったけど、〈ラリー〉になってからはみんな自分をたずねてきてくれるわけなんで、心開いてくれたっていうか、仲良くなっていきましたね。たくさんの思い出がある。

〈ラリー〉をやって、次にカレー屋の〈ロカ〉をやった。2軒目の自分の店ですね。だけど、もっと自分が楽しめる店をやりたくなった。それはライブができて、音を思い切り出せる、ロックな店をやりたくなった。その店にしかない空気を出せる店をやりたくなったんですね。

その夢を人と話してるとき、いつも僕は〈レッドシューズ〉のような店っていういい方をしてたらしいんですけど。ある友だちが、〈レッドシューズ〉やればいいじゃないっていったわけですよ。だけど、そのときは、〈レッドシューズ〉の看板があまりにも大きすぎて、とてもその気にはなれなかった。ところが、だんだんその気になってきて、松山に「もう1回看板あげたいんですけど」っていったら、まあ、やってみろって、で、動き出したんです。

そのとき松山はガンで入退院をくり返してました。だから再オープンが松山を元気づけることになればいいなと思ってました。

〈レッドシューズ〉のオープニングはクレイジーケンバンドとシーナ&ロケッツのライ

ブをやりました。剣さんとは、昔の〈レッドシューズ〉の頃からの仲で、その頃は剣さんはハート&ソウルっていうファンク系のバンドをやっていました。J・Bのカバーとかですね。そのバンドでサックス吹いてたのが、大田豊っていうすごく仲のよかったやつで、ユタカはコーザ・ノストラにも参加していたんです。ユタカがしょっちゅう〈レッドシューズ〉に来てて、一緒に遊んでたんですね。で、ある日、六本木のクラブでハート&ソウルのライブがあるっていうんで、観に行ったら、その日、みんなで〈レッドシューズ〉に来てくれて、それからですね、剣さんが〈レッドシューズ〉に来るようになったのは。

鮎川さんの夫婦は僕の結婚式の仲人をやってくれたんです。親の次に大事な人なんで、再開が決まったときには、すぐに連絡しました。で、ライブをやってくれたんです。

オープンのときは、松山は入院してました。結局、新しい〈レッドシューズ〉は見てないんです。工事中のときに一度見に来てくれただけですね。

〈レッドシューズ〉はすごく影響をうけた店だったんで、それを伝承しようという気持ちが強くあります。次の世代にも伝えていきたいっていう。日本のバーやクラブの文化って、浅くて、どんどん使い捨てのようなところがあるじゃないですか。その中で、僕は〈レッドシューズ〉を継続していけたらと思った。形は変わっても名前を残してゆく。松山の〈レッドシューズ〉のときの人の絆《きずな》も残していけたらって思ったんですね。

そしたら、どっかで聞きつけて、バーナードが来てくれた。ブロンディ・チャプリンっていうキースの片腕も、小原礼さんも、みんな来てくれた。うれしかったですね。店というのは生きているもので、頭の中に描いた計画通りにはいくものではない。でも時間をかけて僕なりの〈レッドシューズ〉を育てていきたいと思っています」


ちなみに、駅前のＴＳＵＴＡＹＡがオープンした1週間後、町で1軒、10年以上営業していた個人経営のレンタルビデオ屋が何の予告もなく閉店してしまった。そのビデオ屋は、チンピラ風の若い店員のおすすめコーナーがあって、そこに並んでるのがけっこうセンスもいいし、クリストファー・ウォーケンの主演ものを全タイトル揃えたり、なぜか川島雄三の『幕末太陽傳』もありーの、クセがあって気持ちになじむ店だった。だから、町の灯りがまたひとつ消えた感じがした。

モンちゃんのいってることって、そういうことなんだろうね。

だけどね、それこそ15年前のモンちゃんのようにすべてを捨てて、たったひとりで東京に向かってる若いやつが、いまこの瞬間にもいると思うと、なんか、ゾクゾクする。

『レッドシューズの逆襲』（主婦と生活社、２００４年刊）に加筆

日本人にはやっぱりロックンロールが足りない。

森 泰仁

J・エルヴィス・シンガー

森サンの物語を書く前に、エルヴィス・プレスリーの本を読んでみようと思った。ガール・フレンドのサジェスションだった。彼女は六本木のライブ・ハウス〈ロリーポップ〉での森サンの〝J・エルヴィス・ナイト〟を観て、そう閃《ひらめ》いたといった。

倉庫に行って探した。ひどく乱雑に積みあげてある本の中から、2冊、見つけ出した。10冊ほどあるはずなのに、見つかったのは2冊。片岡義男『ぼくはプレスリーが大好き』（1971年三一書房刊。片岡サンがまだテディ・片岡のペンネームで雑誌のライターの仕事をしている頃に発表した名著。僕が最も愛する本の1冊）と猪俣敢児『エルヴィスの遺言』（1993年メディアファクトリー刊。亀和田武が寄稿している）。

読んでみよう。

エルヴィスは1935年1月8日、ミシシッピー州の田舎町テュペロに生まれた。家は貧しく、まだ20歳だった父親は綿農園で働く農夫。19歳の妻はパートタイムの仕事についていた。両親は熱心なクリスチャンだった。教会に通ってはゴスペルを歌っていた。エルヴィスは両親に連れられて教会に行くうちに、4歳で音楽を体でおぼえた。5歳のとき、1940年、学校の教室で讃美歌を歌い、教師にほめたたえられた。'45年、10歳のときに、タレント・コンテストに出場し、5千人の観客の前で『オールド・シェップ』を歌い、優勝。ハイスクール時代、15歳で劇場の案内係、16歳で金属製品会社のアルバイトをする。ハイスクールを卒業した18歳、トラック・ドライバーの仕事についた。週給35ドル。ある日、メンフィスのサン・レコードに出かけて、自主制作で『マイ・ハピネス』、『心のうずく時』をレコーディングした。

そこがエルヴィス・プレスリーの第一歩だった。制作費、シングル1枚4ドル。エルヴィスはそこからスタートして24年間で、「全米ヒットチャート25週トップの世界記録、

21年間のレコード印税1億5千万ドル、映画出演料は1本あたり100万ドル＋収益の50％、残された遺産は734万ドルにおよぶ、史上最高のエンターティナー……」（猪俣敢児『エルヴィスの遺言』のオビのコピーより）に至る。

森サンは日本人で誰よりもエルヴィス・プレスリーを愛し、歌い、栄光を獲得したロックンローラーであるが、そこまでの道程は険しいものであった。殉教者のように純粋なものでもあった。戦いもあった。挫折もあった。嘆きもあった。だけど、エルヴィスへの想いが彼を導いていった。

以下は、森サンの熱い想いみなぎる語りをうけて生まれたロックンロール・テールである。

彼は1961年に東京に生まれて、大阪で育った。野球少年だった。甲子園の土を踏むことを夢みて、北洋高校に入った。3年上級に阪神の岡田監督がいた。家は貧しく、新聞配達のアルバイトをして自分で学費をつくった。

15歳のとき、家庭が崩壊した。母親がずっと隠し続けていたことを知ってしまった。

彼女は実の母ではなく、ステップマザーだった。彼もショックだったけど、彼女の動揺は彼以上で、関係が日増しにぎくしゃくしていった。彼は彼女の元にいるのがつらくなってきた。と同時に、人より早いのかもしれないが、親から自立しなければと思いはじめていた。

15歳で高校を中退し、ひとりで東京に出てきた。都立大の炉端焼き屋に住み込みで働くようになった。最初の話では、夜間高校に通わせてくれ、野球もやらせてもらえるということだったが、何ひとつ約束は果たされなかった。キャッチボールする相手さえいなかった。

「やはり夢をうしなう、一つひとつ夢をあきらめていくことが大人になっていくことなのかなと、15歳で思いましたね」

夜は店の座敷にひとり布団を敷いて寝ていた。やることといったら、歌を歌うことだけ。ギターもなく、よく『マイ・ウェイ』を歌って、淋しさをまぎらわせていた。

その歌と出合ったのは中学2年のとき。1975年。南アフリカの『マイ・ウェイ』という映画が公開された。年老いた男が不屈の闘志でマラソンを完走するというヒューマン・ストーリー。最後の力をふりしぼって、家族や観衆の応援をうけゴール・インするとき、『マイ・ウェイ』が流れる。彼は映画に感動し、公開中、映画館に通った。

「もうこの映画と歌にやられちゃって、そのサントラ盤を買ったのが、僕の音楽への第一歩だったんですね。歌手は、シナトラではなく南アフリカのシンガーでした」

中学生なのに、彼は『マイ・ウェイ』を歌えるようになってしまう。卒業の季節、彼はクラスのお別れパーティーで、『マイ・ウェイ』をアカペラで歌った。担任の先生に歌を認められたが、音楽を志す気持ちになったことはなかった。

ただ、歌が心をなぐさめてくれるのを知った。彼は自分がひどく淋しがり屋の性格であることに早くから気づいていた。そういう星の下に生まれてきた運命をうけいれていた。

東京での生活は孤独が深まっていった。炉端焼き屋の生活は主人を殴り飛ばして終わった。グレもした。だけど堕《お》ちていくところまではいかなかった。中野の店で調理見習い。1日17時間労働。住み込みの部屋は廃屋同然。畳がなく床に昭和30何年の新聞が敷いてあるだけ。床のホコリでアレルギーになった。

そこを脱け出し、六本木のカラオケ屋にもぐり込んだ。そこには少なくとも音楽があった。しかも隣がオールディーズのライブ・ハウスの〈ケントス〉だった。'70年代の終わり、六本木〈ケントス〉は全盛期にあり、'50年代ロックンロールのリバイバルがブームになっていた。

「そのとき、その場所にいたことが、いまでも不思議に思うんですけど、マジックですね。裏口の前を通ると、毎日ロックンロールが聴こえてくる。いったい、これは何をやってるんだろうって興味をもったんですね」

'77年にエルヴィス・プレスリーは逝去したが、このとき、彼はファンではなかった。その死を惜しむこともなかったが、誰もが音楽を好きになるようにポール・アンカを好きになっていた。'78年、来日したポール・アンカを中野サンプラザに観に行った。

「開演に遅れて行ったんです。僕が入ったとき、『ラブ・ミー・テンダー』を歌ってたんです。鳥肌が立つほど感動して、最後はもう通路を走っていってポール・アンカに抱きついてしまった」

はじめて彼は衝動におそわれる。何が起こったのか自分ではわからない興奮。この瞬間、彼は自分の未来の可能性に向かって走りはじめた。

『ラブ・ミー・テンダー』の感動は、それまで彼はキャロルや矢沢永吉も聴いていたが、ルーツ・ロックンロールへの魂の旅に向かわせた。六本木で知り合った連中とバンドを結成。'50年代のロックンローラーのステージ衣裳をチェックするために、エルヴィスのファンクラブ主催の映画会に行った。はじめて観る『エルヴィス・オン・ステージ』に、「映像の力のすごさっていうか、もう涙がダーっと流れ出てきたんです。どうして、プレスリーってこんなにひたむきに、一生懸命歌うんだろうって。そのとき、完全にはまってしまったんですね」

この時、彼はまだ18歳だ。エルヴィス・プレスリーにロックンロールにのめり込んでゆく。バンドはいまどきの流行《はやり》ものをやりたがるメンバーと決裂、解散。エルヴィスのファンクラブに出入りするうちに、ファンクラブのバンドにスカウトされ、ヴォーカリストに。本格的なデビューは、1982年、21歳のとき。久保講堂、観客千人。共演はクールスR.C.他。彼は真っ白のジャンプスーツをあつらえ、ギブソンのギターを買い、マイクもエルヴィスと同じものを自前で揃えた。

エルヴィスを歌える若くてすごいシンガーが出てきたと、ウワサが業界に広まっていった。現在クレイジーケンバンドが出演している横浜〈フライデー〉がオープンのとき、スカウトされた。が、オーナーと決裂し、3カ月でやめた。東京に戻ると、数億円も内装にかけたライブ・ハウス〈ロリィポップ〉の専属に迎えられた。彼のウワサを聞いて、音楽プロデューサーやレコード会社のディレクターらがレコード・デビューの話をもちかけてくる。話はどれも、彼のエルヴィスを想う気持ち、'50年代のロックンローラーに対するリスペクトと大きくずれている。すべて断わった。いつか、チャンスは来ると一抹の希望を胸に。

「エルヴィスを好きになって、'50年代のロックンロールを、それこそエディ・コクランやバディ・ホリーを聴いていったとき、日本人にはやっぱりロックンロールが足りないと痛感した。みんな'60年代っていうでしょ。そうじゃなくて、本当はロックンロールのビッグバンは'50年代です。あのビッグバンが一番大事なんです。それがなかったら'60年代のビートルズもストーンズもなかった」

彼の音楽活動は迷走を続ける。プロダクションにも入るが、思うように活動できない。ジャンプスーツを着たステージは、どうしてもソックリさんショーの〝色物〟に見られてしまう。ただ、米軍基地のアメリカ人のパーティーはちがった。音楽に対する敬意をうけ、ストレートな熱狂で応えてくれる。歌に自信がつく。ギャラもよかった。彼の中で、アメリカに渡り、エルヴィスの聖地、メンフィスで一度は歌ってみたいと夢見るようになる。だが現実は、地方のサパークラブ、キャバレーまで営業でまわって、月25日働いて、給料22万。

彼は28歳になっていた。

プロダクションとはうまくいかなくなっていた。米軍キャンプの仕事で親しくなった人にアメリカ行きをすすめられた。彼は決意し、紹介してもらった人をナッシュビルに訪ねた。チャンスが待っていた。

「ナッシュビルのいろんなクラブで、ソングライターやシンガーのコンテストをやってるんです。ある1軒のクラブでコンテストに出て、優勝したんです。歌ったのはエルヴィスの2曲。他にもナッシュビルのすごく有名なクラブで歌わせてもらった。それからメンフィスに行って、ダウンタウンのクラブで歌えることになった。僕はものすごい強運の持ち主かもしれませんね。そこは〈ピラミッドクラブ〉っていって、すごく汚い店なんですけど、地元の顔役《ホスト》ファミリーも客席にいて、歌ったら、ボスに呼ばれて、〝お前はファッキング・グッドだ。だいたいエルヴィスのソックリさんなんて歌まともに歌えるやつなんていないんだ〟ってウケた。やっとチャンスつかんだと思いました」

翌年、彼は時間をつくって、8月、再度メンフィスに渡った。メンフィスは彼にとってはじめて見つけたパラダイスとなった。今度は最初から歌うつもりだった。エルヴィスの命日に、最大のコンテストが開催される。前年、彼の歌を絶賛したボスが出場の手配をしてくれた。だが、それは歌唱のコンテストではなく、ソックリさんのコンテストだった。

「ぼくは日本で10年ぐらいエルヴィスを歌ってきたんですけど、一度もソックリさんをやったことがない。そんなことをするのはロックンローラーとして恥だと思っていた。ソックリさんになりたいと思ったこともない。似て非なるものであると。歌いたいのは自分の心であり、エルヴィスの心であり、そして自分の描いたヴィジョンを歌いたいんであって、その大会に出るのはすごく抵抗があった。でも、自分のプライド捨てても、メンフィスでエルヴィスのために歌えるってことは素晴らしいことだと思ったんです」

全米から集まってきたソックリ・エルヴィス約200人。「どいつも、こいつもみんなエルヴィスです」という中で、彼ははじめての、たったひとりの東洋人。

「僕は僕としてサムライ・ロッカーとして、自分の信念をまげずに、自分の心を歌おうと思った。ただそれだけで、15分間、好きに歌った。そしたら、客席から聞いたことのないような絶叫が上がった。ロックンロールのモーメントに対する客の感情のほとばしりじゃないですかね。で、歌い終わったら客席全員総立ちの喝采を浴びて、決勝戦へ残っちゃったんです。僕にとっては甲子園ですよ。そのときの気持ちは、落ちた心臓拾ってまた口に入れるような感じでした。で、僕は準優勝だった。優勝者は姿も声もエルヴィスに生き写しといわれる有名な人で、僕は自分の声で歌いました」

メンフィスの栄光へ、あと一歩だ。

1枚のサントラ盤が最初の一歩だと彼は過去を振り返っていった。人の人生において、ハッキリと第一歩が何であるのか自覚できる人間は、自ずと道を切り開いてゆく。入学や入社がその第一歩であるはずがない。

片岡サンは『ぼくはプレスリーが大好き』の中でいう——ロックの天啓的な衝撃は、個人的な体験だった。どうあらねばならない、ということは絶対にないのだが、衝撃と接続（コネクト）できる人は接続し、どう接続して何を考えるかは、個人の問題だった、と。

彼だけが、1枚のサントラ盤を第一歩とした。彼だけが、客席におりてきたポール・アンカに抱きついた。彼だけが、1979年、エルヴィスの映画に撃たれ、涙を流し、エルヴィスの心を歌っていこうと決意した。彼だけが、業界の誘惑を断わってきた。彼だけが、メンフィスの汚ないクラブでエルヴィスを歌った。その道程を想うと、彼は申し子なのではないかと思った。

モミアゲもつけず、サングラスもつけず、ソックリであることを拒否し、自分自身のパフォーマンスでナンバー2までいった。

'92年、彼はナンバーワンを目指し、3度目のメンフィス行きに賭けた。しかし、思わぬ悲劇に見舞われる。前年、彼は結婚。相手はカナダ人だった。'92年、5月13日娘が誕生するが、心臓の疾患により他界。5月13日から息をひきとる6月6日まで彼はずっと病院で娘につきそっていた。が、娘は去っていった。


「その双子の兄弟の名は韻を踏んでいた。兄の方はジェス・ギャロンといい、弟は、エルヴィス・アロンだった。(中略)ジェス・ギャロンは、生まれてまもなく死んでしまった。エルヴィス・アロンも、はじめは順調ではなく、生まれてからひと月ほどは、長くもつ命ではないであろうと考えられていた。しかし、ひと月をこえると、丈夫になっていった」(『ぼくはプレスリーが大好き』より)

葬儀が終わった日から彼は空手の道場に通った。エルヴィスは'60年代に入ってからマーシャル・アーツを習いはじめた。東洋の武道に心酔していたといわれる。エルヴィスは空手の気合いとロックンロールの融合をはかろうとしていた。それによって、エルヴィスのパフォーマンスは誕生した。彼は7年、空手は習っていたが、ナンバーワンを目指し、メンフィスに行くに当たって、さらに練習に励んだ。

「生まれたばかりの娘を亡くし、失意のどん底にあった。まわりの人たちも、アンハッピーな知らせで悲しませ、次は、8月16日のエルヴィス没後15周年のコンテストでは、みんなにいい知らせを持って帰ろうって、メンフィスにのり込んで、優勝しました。それによって、アメリカのTVのメジャーのすべて、CNN、CBC、NBC……全部の取材をうけて、プロダクションからの契約のオファーもきました。成功したんです。最高のチャンスをつかんだんです。前例のないことですから。だけど、僕は日本でやり続けるのが自分のミッションだと、そのとき、思ったんです。だから活動の場をアメリカには移さなかった。移してればよかったかなと思うときもあります。だけど、僕は日本を選んだ」

彼は翌年も200万円の自腹を切って、自分のバンドとともにメンフィスに行った。そのときのスタンディング・オベーションは5回、6回、観客の拍手と歓声は鳴りやまなかった。

「僕も倒れました。そのぐらいメンフィスでパフォーマンスするっていうことは、しかも日本人がやるっていうことは生半可なことではない。まして、エルヴィス・プレスリーという絶対の様式美をアピールしながら、その心を伝えるっていうことですから」

その後、レジェンド・J・エルヴィス・シンガーとして彼はほぼ毎年、メンフィスで歌い、2003年は、ついにメンフィスの名誉市民の栄光を獲得した。同年の7月には彼の念願であったエルヴィス・ナイトが六本木のライブ・ハウスで実現した。それは、エルヴィスをずっと陰で支えてきたレジェンド・ギタリスト、ジェイムス・バートンとの共演であった。


僕が彼と出会ったのは2003年の4月、ひょんなことから僕がずっと描きためていたエルヴィスのポートレイトを、西麻布のレストラン&バーにしてギャラリーの〈アムリタ〉で1カ月展示することになった。最終日近く、パーティーを開いた。そのとき、知人のツテで森サンに1時間のショーをお願いした。森サンは僕の描いたポートレイトを気に入ってくれ、ライブを承諾してくれた。そのパーティーは僕にとって忘れがたい一夜となった。100名ほどのゲストが、はじめて体験する森サンのショーにぶっ飛び、中でも、漫画家のバロン吉元は「これは俺の世界だ」と興奮、一番最初に踊り出した。それに続いて、ゲスト全員が熱狂に突入、それは熱い一夜となった。その高揚のせいか、あのバロン吉元が僕の絵を2点も買い上げてくれた、というハナシは余興だが、そのとき、僕は「ひたむきに、一生懸命歌う」森サンに感動したのだ。こんな、すごい、なんせ、オープニングはロック・バンドが『2001年宇宙の旅』のテーマを演奏し、森サンが登場した後は、魂が完全に、彼のロックンロールで飛翔する、体験したことのない興奮を味わった。

この人は本物だと思った。日本で、業界的な成功には恵まれてないけど、この人は本物だと震えた。

それが森サンのいう、日本人にはロックンロールが足りないということなら、本当にそうだ。僕は、街の片隅の地下の店で、森サンと一緒にエルヴィスに捧げるパーティーを開けたことを誇りに思っている。

『ハウンド・ドッグ』のオリジナル・シンガーであるビッグ・ママ・ソートンがエルヴ

ィスにいった。

「私がどう歌ったかなんて考えないで、あなたのオリジナルなスタイルにもっと自信を持って。あなたらしさを大切にして歌ってちょうだい」

このコトバを聞いて、〝涙が止めどもなく頬を伝い、大人になって初めて、エルヴィスは声を上げて泣いた〟と、『エルヴィスの遺言』にあった。

根本寿幸
〈ギャラリー360°〉オーナー

——人間、いつも興奮してたい生き物なんだよ。興奮できるものを常に求めて生きている。興奮が人生の重要なキーワードかもな。

「僕らが、'60年代から現在まで、どのような時代を漂流してきたのか？」

「アートや音楽、ショップは、僕らにどのような夢を与えてくれたのか？」

センチメンタルな調子に彩られることもなく、シリアスに論じることもなく、かつて世界中のどの都市にもあったボヘミアン・カフェでのティーチ・インのように語ってくれるだろうと、表参道の彼の〈ギャラリー360°〉を訪ねた。そのとき、ギャラリーでは小野洋子の個展が開かれていて、僕らが話し合うには申し分ないシチュエーションだった。といっても、話し合った場所は、裏の小さなベランダ。裏方、裏口、裏道……裏は好きだね。裏モノね。だけど裏切り、裏金とかは嫌いだね。僕は思う。

学歴は高校を中退した。１９６６年、ビートルズが来日した年に、福島から東京に出て来た。根本寿幸はアートが好きだったので、知人が勤めていたグラフィック・デザインの版下制作工房に入る。まずは東京でのバイト生活がはじまった。

その頃、まだストリートという言い方はしてなかったが、寺山修司の『書を捨てよ、町に出よう』（'67年3月刊）がバイブルとなり、街に新しい文化が産ぶ声を上げはじめていた。家や下宿で本を読んだり、テレビを見る生活は古臭い習慣に見なされ、街《ストリート》をうろつき、刺激を求める生活が流行《はやり》になっていった。その街は新宿だった。

ある日、根本寿幸は同僚から新宿に誘われる。

「新宿に、お前が好きになる店がある。で、お前と話が合うやつが、きっといると思うよって同僚に連れられて、〈風月堂〉に行ったわけですよ。入った瞬間、ショックだった。客がすごい。その時は何者かわからなかったけど、あの魔赤児がいた。あの顔だから、ただ者じゃないって思うじゃない。異形だからね。あとそこにいた客はビート詩人とかアングラ映画の作家とか、みんな前衛アーティスト。もう興奮して翌日から入りびたった。それで、寺山修司の〈天井桟敷〉、唐十郎の〈状況劇場〉、そういう劇団の同世代の役者や裏方と友だちになっていったのね。同時多発的に関係が広がっていって、どこでも裏口からただで入れた。だから中学卒業して2、3年で、もう、そういう前衛アーティストたちと出会っちゃって、学校なんかより、こっちの方が全然面白いわけよ。だって〈風月堂〉で岡本太郎も滝口修造も見かけたからね。

バイトは続けてたけど、生活は変わった。どんどん友だちができて、写真やってるやつの家に行って泊まると、現像面白そうだからって手伝ったりね。他のとこではシルク・スクリーンの制作手伝ったり。知り合いのアート・イベントでは照明やったり、スモークたいたり、けっこうサイケデリック・ショーの演出も手伝ってた。彫刻も映像も制作を手伝った。

そうやって、独学ですべて学んだ。アートの基礎をね。のちのちアート・ギャラリーなんてやるとは思ってなかったけど、そのときの経験がすごく役に立った。ウォーホルの版画を扱うときに、この作品は何版使ってますって、お客さんにちゃんと説明もできるし、作家との打ち合わせでも、サイズのことまで話せる。

だから、私にとっては、〈風月堂〉が人生の大学です。あそこで、多分、90パーセントね、自分の生き方が決まったね」

うーん、〈風月堂〉だったのか。

新宿の1軒の喫茶店が、強烈な磁力を放って、'60年代の〝反体制〟的芸術・風俗革命の砦《とりで》となっていた。アート志向を持つ若者なら、必ず一度は詣《もう》でたはずだ。その1軒の喫茶店が、根本寿幸のハートに火をつけた。

そして、もうひとつ新宿で彼が探り当てた鍵は、ポスター・ショップだった。


「いまでいうポップ・ショップだよね。アングラのポップ・ショップ。〈ジ・アップル〉、〈フラワーパワー〉、それに知り合いが新宿御苑前に開いた〈イルミナシオン〉っていう小さいポスター・ショップがあった。その3軒しかなかったはずだよ、日本では。

そこで売られてたポスターは、すごくサイケデリックだったわけね。それが新しかった。というのもね、〈風月堂〉に入りびたるようになって、アングラの文化に目覚めた。演劇とか映像、アヴァンギャルドなアート活動にね。ところが一方で、ロックやファッションはサイケデリック全盛。ディスコもサイケデリックの時代ですよ。そのふたつが漠然とは同じものだって見えていたんだけど、そこを自然な感じで結びつけたのがポスターだったのね。ロックのレコードやファッション買うみたいに、店でね、アートが手軽に買えるようになった。

アメリカだと、ウォーホルやピーター・マックス、日本だと横尾さん、宇野さん、それに田名網さんたちがポスターづくりはじめてね、そこで自分の好きなアートというものが見えてきたのね。それもいまにつながってる」

当時、横尾忠則、宇野亞喜良は、アングラ劇団のポスターをデザインし、田名網敬一はディスコのポスターをつくった。そのどれもがサイケデリック調だった。ポスター1枚、部屋にはって、サイケデリック・ロックを聴けば、感覚や意識の変革がインスタントにできるような気がしたものだ。だけど、サイケ・ブームも終わりを迎える。

「'70年の大阪万博をもって、わたくし的にはピリオドを打ったと思ったのね。ジ・エンド。アングラのお祭り騒ぎの終わり。それで、少しずつ自然志向的な質素革命とかね、ニュー・ファミリーの時代に入っていくわけですよ。アートの世界でも、シンプルな色のないミニマル・アートが出てきて、'70年には『人間と物質展』が上野の美術館で開催されて、流れが大きく変わった。ただ石を割っただけの作品とか、丸太が床に並んでるだけとか、全然静的なわけね。メディテーションの世界。まぁ、それも当時は新しかったのね。

で、〈風月堂〉で知り合ったヒッピーの仲間も、髪を切って、スーツを着るようになってね、この動きをちゃんととらえないと、時代からずれるぞって思ってたら、結局、'73年には〈風月堂〉がクローズ。わたくし的には、もう新宿にいても意味がなくなってしまった。だって病気のとき以外は毎日〈風月堂〉に通ってたわけだから、なくなったらね、もうね……」

新宿という〝アングラ〟〝サイケ〟の舞台に幕が下りる。それに追いうちをかけるように、浅間山荘の連合赤軍事件、オイル・ショックによる不景気、はっぴいえんどもキャロルも解散し、ニュー・ミュージックのブーム到来。そんな中で、小さな動きではあったが、東京の中心部から都下や神奈川、埼玉の米軍基地の町に移り住む者たちが現れた。とくに、細野晴臣、林立夫、松任谷正隆らティンパンアレイ系のミュージシャンとデザイン・チームのＷＯＲＫＳＨＯＰ　ＭＵ!!　が狭山のジョンソン基地の外人ハウスにコミューンを開き、目立った活動を続けていた。大滝詠一も都下の基地の町、福生《ふっさ》の外人ハウスに移り住み、〝ナイアガラ・レーベル〟から斬新なロックを発信していた。

根本寿幸も、福生の外人ハウスに移り住み、そこでまだ作家デビュー前の村上龍とも出会っている。

「龍はまだ武蔵美の学生だったと思うよ。家が近くで、よく俺の家にも遊びに来てたし、龍の家にも遊びに行ってた。その頃、小説を書いてるなんて思わなかったけど、絵は描いていたね。龍の家にはね、部屋の床が抜けるんじゃないかって思うくらいジャズのレコードと本があってね、20歳ぐらいでね、ものすごい量の本読んでて、これ、ちょっとハンパじゃないなって思ったことあるもん。

その頃、わたくしはね、まだバイト生活ですよ。大道具をつくる仕事、テレビ局に通ってた。そのときのバイト仲間に、不破万作がいた。彼は〈状況劇場〉の団員でね、芝居だけじゃ食えないから、大道具のバイトやるわけね。他にもね、いま有名な役者さんが何人もいた。

’75年頃かな。世の中的に非常に低迷している頃でね、アーティストの作品もみんな暗いの。世間も、みんな小市民的に小さな幸せをみつけようっていう風潮がはびこってきて、俺、そうじゃないだろうって思ってて、そこに、パンク・ロックが出現するの。パンク・カルチャー。新しいカウンター・カルチャーがあるとすれば、コレだ!! と興奮した。大道具のバイト仲間でバンドやってる連中も、一気にパンクに走るわけね。’60年代のお祭り騒ぎが終わって、’70年代は何なのかなってわたくし的には探していてね。郊外でこのまま静かな生活で終わっちゃうのかな、これじゃあ、まずいぞって考えはじめたときだったからね。パンクはわたくしにとってダダだったし、アヴァンギャルド。衝撃うけて、もう福生の外人ハウスにいる場合じゃないって、それで都心に戻ったわけね」

すぐに根本寿幸は妻となる女性と出会う。彼女は『ドール』というロック・マガジンのエディター。彼は『ドール』の表紙をデザインしていた。といっても、大道具のバイトは続けていた。新しい仲間たちと、インディーズで「アートも、音楽も、ファッションもジャンルを超えて、トータルに取りあげる雑誌をつくろうってね」、’79年に、マガジン『ＵＰ』を刊行する。バックナンバーを見せてもらって、いま見ても少しも古くないクォリティの高さに驚かされた。

「だけど、売れなかったし、広告も取れない。営業がいないわけだから、売れないよ。一号出すのに、金はすごくかかる。仲間とね、大道具のバイトやデザインの仕事で稼いでやってたけど、結局、経済的な理由で9号で廃刊になっちゃったのね。でも、この雑誌を通して、シーナ&ロケッツとかフリクション、プラスティックス、それにイラストレーターのペーター佐藤、田名網さんにも知り合っていったのね。

その頃、わたくしは原宿の外れのホント裏の裏にある、デザイン事務所で仕事しててね、小さいスペースなんだけど、白いギャラリーみたいだったの。壁にウォーホルとかペーターのポスターが飾ってあってね。どうせなら、ギャラリーとしてちゃんと機能させちゃったらどうかって話になり、まわりのみんなもギャラリーだったらいつでも遊びに来れるから、そうしなよっていうわけね、まあ、事務所を兼ねたサロンだね。

だから作品を売るっていうよりも、ポストカードとか知り合いがつくったインディーズ・マガジンとか売ってたのね。商売になんないよね。場所がまったく人通りのない裏道だったしね。
ところがね、近くに、急に〈ピテカントロプス〉がオープンしたり、ちょっと出ると〈オン・サンディース〉や〈カルデサック〉もあって、〈ロボット〉もできて、千駄ヶ谷の方には〈ライズ・バー〉もできて、〈フェイス・ギャラリー〉もオープンするわけですよ。急に、近辺が盛り上がってきて、アートの方でもニューヨークから、バスキア、キース・ヘリングたちの新しい動きが出てきた。いわゆるニュー・ペインティングのブームになっていったのね」

'80年代の初頭、東京にまた新しい文化が台頭してきた。新宿には伊勢丹裏にクラブ〈ツバキハウス〉がオープンし、大貫憲章がパンクの流れをくむ〝ロンドン・ナイト〟をオーガナイズ、街に熱狂を呼び戻した。原宿には、スネークマンショーのプロデューサー桑原茂一が仕掛人となり、やはりクラブ〈ピテカントロプス〉がオープン。DJ、ライブ、アートが三位一体となり、〝ニュー・ウェイブ〟を発信しはじめた。西麻布には、DJバーの〈トミーズ・バー〉と〈328〉、カフェ・バーのはしりの〈レッドシューズ〉や〈バルズ・バー〉がオープンし、どの店も夜毎お祭り騒ぎに浮かれていた。

’60年代《シックスティーズ》のアングラ文化が、新宿という街や〈風月堂〉のような店を舞台に華開いたとしても、政治的な闘争と、たとえば音楽でいえば頭脳警察のように直接的に結びつき、イデオロギーへと偏《かたよ》りすぎていた。しかも、海外はまだ海を越えた遠い異国だった。

ところが、’80年代《エイティーズ》のムーブメントは、スネークマンショーが古い価値観を風刺するギャグで一世を風ビしてはいたものの、政治や芸術を語る者などひとりもいなかった。メッセージは消え、代わりに、創り、遊ぶ悦びを、新しいやり方で追求していった。しかも、時代はグローバリズムの時代を迎え、東京もニューヨークもロンドンも国境を超えて、セッションをはじめていた。

それは解放的な素晴らしい幕開けだった。

僕も、ニューヨークでバスキア、キース・ヘリングに会い、一緒に遊んでいた。ロンドン、ニューヨークからは、ミュージシャンやアーティストが軽いのりで東京にやって来た。東京もＹ・Ｍ・Ｏのワールド・ツアーが引き金となり、注目を浴びはじめていたのだ。

だけど、東京はバブルの荒波にのみ込まれていった。その中で、根本寿幸の〈ギャラリー３６０。〉は、波をつかんだ。

「その世の中の盛り上がりと、ギャラリーを開いた時期がピッタリと合っちゃったわけね。ニュー・ペインティングがカッコいいってことになって、バブルに入ってからみんな買いはじめた。わたくし的にはニュー・ペインティングもパンクと同じような見方をしたかったけど、アメリカでは誰もそんなこといってない。ビジネスなわけね。ストリートのアーティストの作品が芸術家たちと同じ値段で売られてるっていうニュースがどんどん入ってきてね。それは、新しいアートがマネー・ゲームの道具にされたっていうことなんだけど。

わたくしは思ってたの。今後はずっとアートを扱っていけば絶対に何とかなる。そういう自信があったの。で、これがもし外れても、好きなことだから、ひどく落ち込むようなことはないだろうなってね。

〈風月堂〉では学ぶばっかりだったけど、自分のギャラリーではそれを生かせた。知識もね。雑誌をつくってたことも、取材で知り合ったアーティストに個展を依頼したり、生かせたのね。作家で成功していた龍も、ウワサを聞いて訪ねてきた。昔の福生の仲間から聞いたんだろうね。オー、久しぶりってやって来て、2、3冊本を買ってた。それで個人名は出てないけど、ギャラリー名を出して本に書いてくれたのね。あと、ビックリしたのは、ニューヨークでもパリでもロンドンでも、〈360。〉を知ってる人間がでてきたの。日本で現代アートが見られるギャラリーとしてウワサになっていったのね。だからこっちから連絡をとりたかった人が、逆に向こうから連絡してきたり、やりやすくなっていった。

忙しかった。あっという間に10年。街の裏の裏でね、立地条件は悪くて、電話で場所教えても誰もたどりつけないんじゃないかっていう所で、でも全盛期で年商3億はいったのね」

根本寿幸とはじめて会ったのは、その〈360。〉でだった。吉田カツの個展を見に行ったときに、カツさんから紹介されたはずだ。その後、僕が師匠と崇《あが》めていた田名網さんの、'60年代回顧展のパンフレットに載せる原稿を根本寿幸からたのまれたり、ちょくちょく〈360。〉を訪ねたり、親しくなっていった。いつの間にか、〈360。〉は原宿の裏通りから、表参道の246沿いのビルに移っていた。

「'93年だったかな。バブルもはじけて、アート・ブームも終わったのね。家が近所で家族づきあいしていたペーターも亡くなって、そのショックも大きかった。また、ひとつの時代の終わりを迎えたなって思った。そのとき、ここの場所、知り合いが持ってて、借りることになったわけね。

ここも、その頃、表通りだけど何もなかったのよ。だけど、前よりスペースは大きいし、場所もわかりやすい。今度はやりたいようにやれるわけね。で、新たな気持ちではじめたら、急にこの辺がにぎやかになり出したの。'90年代ね、コム・デ・ギャルソンにはじまって続々とファッションの店ができていって、文化の発信基地みたくなっていったのね。そんな中で、普通、ギャラリーって入りにくいのよ。だけど、うちはポップ・ショップみたいに作品以外に、ポストカードとか本とかを売っていたからね、若い人も入りやすかったのね。お客さんは、ファッション関係やデザイナーとか、どんどん増えていった。

それで、一方では音楽、ファッション、映画で'60年代がリバイバルしはじめたじゃない。そこで、わたくしは思ったの。'60年代にわたくしが新宿のポスター・ショップで興奮したような、そういう感覚を、自分がギャラリー&ショップをやってる以上は、若い人たちに紹介したいってね。自分にとっても、おさらいになるじゃない。

あの個性的な'60年代を飾ったサイケデリックなポスターは、いまでも強いオーラを放っているし、十分に若い世代に衝撃を与えられるって思ってね、特別シリーズ企画展を開いたわけね。粟津（潔）さん、宇野（亞喜良）さんって続けていくうちに、田名網さんもやってみたいと。そこでサイケデリックなポスターを展示したら、宇川直宏やコーネリアスの小山田圭吾、作家になった中原昌也たちが来て、彼らが〝いま〈360°〉でやってるやつ強烈だぞ〟って騒いだから、もうすぐにバクハツ。世界に発信するムーブメントが、そのときからはじまったわけです。また来たなって思ったね。興奮ですよ。

人間、いつも興奮してたい生き物なんだよ。興奮できるものを常に求めて生きている。興奮が重要なキーワードかもな。若い人たちが田名網さんが30年前につくった作品、本を見て興奮してる。だからこそ興奮に関しては過去のものは古くて、未来のものが新しいなんていう法則はないんだよ」


はじまりは1966年、新宿〈風月堂〉。そこで彼は最初の興奮にうたれた。

彼を取材した数日後、チェン・カイコーの映画にはまっていた僕は、以前一度観ていた『花の影』を再観した。前には気づかなかったか、忘れていたか、中国語の原題は『風月』となっていた。その映画は、阿片《あへん》で滅びてゆく貴族たちの物語を劇的に描ききった傑作であり、映像そのものが阿片の陶酔に染まっていた。物語の冒頭、「阿片はこの世の美を生み出すもの」とナレーションが流れる。

まさに、〈風月堂〉は、そういう場所だったのだろう。〈風月堂〉にたむろしていた人たちの中で、廃人になった者、生命を落とした者も少くないはずだ。

だけど、根本寿幸は、街中でまだまだ興奮を生み出す世界《がわ》に生きている。

TV構成作家

日野原幼紀

——何をやってもいいのよ。アンディ・ウォーホルを質屋に持っていこうが、ディスコでファッション・ショーをやろうが。

'60年代、僕が高校生だった頃、TBSのTV番組で『ヤング720《セブンツーオー》』というのがあった。720とは午前7時20分のこと。放映時間だ。内容は'60年代のサブ・カルチャーのホットな話題を扱い、ジャックスやゴールデンカップスがスタジオ・ライブを朝からやっていた。

毎日、登校前に番組を観ていると、学校なんか行ってる場合じゃないと、気持ちがおかしくなり、結局、学校に行かなくなってしまった。

この『ヤング720』を制作していたスタッフのひとりに日野原幼紀がいた。親しい人たちはヒノと呼ぶ。

ヒノはその当時、慶應大学の学生だった。制作スタッフの仲間に故・景山民夫もいた。

「すごい番組だったね。なにしろ、高校生たちを朝、ロックの音で起こしてしまえっていう。高校生が学校行く前に観て、学校行きたくなくなっちゃうんじゃないかってギリギリのところまでいってた。当時の横浜の暴走族ナポレオン党を走らせたり、上司から大目玉くらうようなこと平気でやってて。すごい不良っぽかったしね」

その頃、ヒノはテレビの仕事をしながら音楽活動もやっていた。それも当時日本の歌謡界で飛ぶ鳥落とす勢いだったソングライター・コンビ筒美京平、橋本淳が設立したロック・レーベルからデビュー・アルバムを発表していた。アレンジャーはヒノの友人だった矢野誠。当時、オリジナル・ロックをアレンジしてレコードをつくるなんていうやり方は誰もしてなかった。まだ日本のロックは、アメリカやイギリスのコピーをしていた頃だ。結局、無名だった友人・矢野誠は数年後にアレンジャーの第一人者になるが、最初の作品がヒノのデビュー・アルバムだった。

ヒノの周辺には、まだアマチュアだった山下達郎や大貫妙子もいた。

「僕はけっこう大貫さんの音楽を気に入ってて、彼女のテープを持ってレコード会社に売り込みに行ったのね。ダメだった。向こうに先見の明がなかったんだね」

当時16歳で四谷のジャズ・クラブで歌っていた矢野顕子の天性の才能もいち早くヒノは見抜いていた。才能を見抜くのも才能なのだ。

ヒノはまたファッション・ショーの演出家の第一人者だった。

「まだファッションが業界になってない頃だよね。ショーの演出家っていったら、日劇ミュージック・ホールでストリップ演出している人がやるっていう。同じなのよ、ファッション・ショーもストリップも段取りが。脱ぐか脱がないかのちがいだけで」

ヒノはファッション・ショーに、まず選曲による音楽的センスを持ち込んだ。クライアントはニコルやピンクハウス。

いつも会場は意表を衝《つ》くTBSの巨大なスタジオ。ショーのオープニングにグランドファンク・レイルロードのハードロックがコンサー用PAから流れたりした。要するに、いまのショーのスタイルの先駆けだ。

当時ナンバーワンのディスコだった赤坂〈ビブロス〉を化粧品のショーの会場にしたこともあった。

「〈ビブロズ〉でやったやつは変だったね。でも、けっこうみんな遊んでくれて、楽しかったよね」

ヒノは、'80年代に入って、TVの構成作家としてヒット作を連発する。たとえば、『クイズ100人に聞きました』、『なんてったって好奇心』、『OH！ エルクラブ』、『探険レストラン』……語り草になった番組も多い。『探険レストラン』のラーメン屋篇はすごかった。

それは荻窪の2軒の人気ラーメン屋にはさまれて、まったく不振のラーメン屋があり、そこをなんとか流行《はや》らせようと視聴者を巻き込んだ番組づくりをしたもので、まるで斬新な喜劇映画を観ているようで、このラーメン騒動には国民が爆笑した。

故・伊丹十三と組んでつくった番組の数々も語り草になった。たとえば、現代アートをテーマにした『アートルポ』では、伊丹十三がアンディ・ウォーホルの作品を質屋に持って行ったり、『万延元年のワイドショー』では、羽織袴《はかま》の伊丹十三が司会をつとめ、現代の経済問題を江戸時代のワイドショーという設定で追究したり、要するに発想がぶっ飛んでいる。で、必ず、シャレがきいていて、徹底したリサーチもなされていて、パーフェクトなのだ。

「僕みたいな考え方はTVの世界ではマイナーなんだよ。現代美術や経済番組やクイズや料理番組って面白いものじゃないでしょ。僕は面白くない世界を面白くしたい。最初から面白いものを面白くしたってしょうがない。そうなると、人がやらなかったことをやるか、人がやってても人とはちがう独自の切り口でやるかどっちかでしょ。それでも面白いものができたとき、はじめてざまあみやがれ、ってね」

慶應幼稚舎から慶應大学まで進み、ビートルズに狂い、ほとんど物質的欲望も名声欲もなく、まるで人生が趣味のように生きるヒノは、いつも〝本物の東京人〟という感じがした。

「テレビもそうだけど、何をやってもいいのよ。アンディ・ウォーホルを質屋に持っていこうが、ディスコでファッション・ショーをやろうが。その、何をやってもいいっていうところに味わいと戦うべき対象があってね。実績を積んだりすれば、なんでもできたりするんだよ」

ヒノは、その後も、一説によれば、〝天皇〟と呼ばれるくらいにTVの世界に君臨し、5年前、久しぶりに再会したとき、雑誌を創刊しようとしていた僕のダチに、六本木のバーで、「何をやってもいいのよ」と、さかんに挑発していた。

でも、ヒノは何やっても手を抜かないんだよな。

しかも、若い頃はジョン・レノンにルックスが似ていて、どこか御隠居さんのような風情もあって、ヒョウヒョウと生きている。

’60年代を振り返って――「豊かな時代だったね。ともかく、ウワッと若い連中が元気になったときに、僕も若者の一員だった。幸運だったよね」と述懐するヒノは、’60年代組の中では、達観して、マイ・ペースで生きてるひとりだと思うね。

コンセプト・デザイナー

坂井直樹――なけなしのドルをはたいて新聞に広告を打った。――刺青のプリントのTシャツを売り出したいのでスポンサー求む。

'60年代組を追ってみよう。

ヒノと同じ頃、'70年代の初頭に出会った、'60年代組のひとりに坂井直樹がいる。ちょっとプロフィールをなぞってみよう。

１９４７年、京都市生まれ。'66年、京都市藝術大学デザイン科入学後、渡米。ヒッピーたちとタトゥーTシャツをつくり大ヒット。'73年、帰国後、ウォータースタジオ設立。'87年、ニッサンの〈Ｂｅ－１〉をプロデュースし、大ヒット。'88年、カメラの〈Ｏ－Ｐｒｏｄｕｃｔ〉をプロデュース、予約が殺到。'90年、バルセロナで『ウォータースタジオ展』開催。'95年、ＮＹのＭＯＭＡ企画展に〈Ｏ－Ｐｒｏｄｕｃｔ〉招待作品。２００

0年、米国NIKE本社で行われたクリエイティブ・デザイン・コンフェレンスにゲストとして招待され、300人のデザイナーに講演……。

坂井サンがデザインとコンセプト・プランニングした〈Be－1〉と〈Pao〉は、誕生から早や20年も経つが、まだ人気は衰えない。カメラの〈O－Product〉はアルミニウムのボディが人気の的となり、その〝金属の美しさを生かす〟というデザイン・コンセプトは現在は様々な商品開発でマネられている。

坂井サンが、最初に大ヒットを飛ばしたのは、なんと1966年、19歳のときだった。19歳のとき、彼の人生は大幅に軌道を外れていった。京都に生まれ育ち、'60年代末に一番過激な10代末を京都で過ごしたことが、そもそものはじまりだ。

いまでこそ、日本では東京が情報の発信地、流行の震源地として不動の座についているが、'60年代末には別の都市もそれなりに勢力を持っていた。たとえば横浜は、R&Bやダンスでは東京より半年早く、京都は、ロック・フェスティバルやヒッピー文化では東京よりダイナミックだった。

というのも、当時はマスコミの力も弱く生身の人間、休暇中の黒人兵や徴兵を拒否した白人ヒッピーがアメリカの文化を直接日本に上陸させていたからだ。

その時代は世界的に「ルネッサンス以来最も重要な精神革命の時代」とさえいわれ、その中心がサンフランシスコのヘイト・アシュベリーだった。そのサンフランシスコと京都はヒッピーを通して結びついていた。

「京都の山の中にシスコから来たヒッピーがたくさんいてね。僕は連中と、まるで宇宙人と交信するかのようにつき合っていた。ある日、女の子の問題とかややこしいこともあったので、家出してシスコに行っちゃったのね。ヒッピーからシスコの話を直接聞いていて、興味あったんだろうね、いま思えば」

そのとき、彼は京都市立芸大デザイン科の生徒だった。もともとは優秀な普通の高校生で、親が彼に望んだ道は京大文学部。それが、芸大のデザイン科に外れ、当時、京都がメッカだったロック・フェスティバルのプロデュースやポスター・デザインをやるようになっていた。相当な外れ方である。

19歳で渡米。ヘイト・アシュベリーには当時14万人のヒッピーがいた。

「持っていたお金が150ドル。それで3年半いた。着いたときには道で寝ていたよ。僕が、そのとき考えていたのは、ヒッピーになるっていうことじゃなかったのね。何か？　いまでもそうなんだけど、自分を表現したいってことね。芸大にいて作品つくっても、お金にはならない。作品でなく商品をつくろうと。というのも、僕は親が望んだ出世コースを完全に外れてしまっていたわけだよね。自分の価値は、じゃあなんだってことになる。不安になる。そのとき、自分を商品と考えて、その価値がお金でいくらになるかってことが一番ハッキリする方法じゃないかと。で、やってみたら19歳で月に3600万円稼いじゃったのね。いいよね」

彼は芸大の学園祭に出すはずだった作品をシスコで商品化したのだ。まず、なけなしのドルをはたいて新聞に広告を打った──刺青《タトゥー》のプリントのTシャツを売り出したいのでスポンサー求む。

「向こうは変な人が多いから、申し込みが殺到したのね。で、僕がオーディションして、金持ちの白人女性と中国人の弁護士と組むことになった。僕は、彼らのつくったオフィスの居候兼アーティストになって、Tシャツを大量生産したのね。すぐビジネスになった。1枚の卸値《おろしね》が10ドル、それでピーク時で月産1万枚までいっちゃったのね」

19歳で月商3600万円。一方では後年、ザ・バンドが解散コンサート『ラスト・ワルツ』を飾った歴史的ロックの殿堂『フィルモア・ウエスト』のポスターのデザインなども手がけていた。'60年代を知る者にとっては、この仕事は栄光とさえいえる。

3年半の生活の結果、彼はファッション・ビジネスの可能性を身をもって実感し、日本に帰る。川久保玲のコム・デ・ギャルソンがデビューした伝説のファッション・マーケット原宿〈ヘルプ〉に参加、〈ウォーター〉というファッション・メーカーをつくった。しかし、「しばらくは、ファッションをやっていたのね。でも、シスコでやっていたときほど面白くないし、事件も起こらない。僕は事件が好きなんだと思う。事件っていうのは変革っていう意味なんだけど。そのうち、30代に入る頃に現在のような商品開発の道に入っていったんだよ。自分の欲しいデザインのモノが、あまりに少ない。それなら、自分の好きになるモノをつくろうと思った。欲望に忠実になってね」

商品開発の仕事は面白い。旅の途上でアイデアが閃《ひらめ》くという。たとえば、ロスからサン・ディエゴへと車を飛ばしているときに、工業地帯のシュールな光景を目撃。『ブレードランナー』のシーンがオーバーラップした。と同時に近未来的なアルミ・ボディのカメラのイメージが浮かんだ。それを商品化したら大ヒットした。それは、〝事件〟ともなり〝変革〟ともなる。

「そうやって自己表現しているんだよ」

19歳のときに、最初の自己表現として、デザインTシャツをつくった。大ヒットした。

いまでも裏原とかでは、デザインTシャツが人気だけど、もう40年も前に、坂井サンがやってたんだよな。

それも自己表現として、ネ。

第一、俺が自分で楽しめるからさ。踊ったり、泣いたり、こんな贅沢なことないじゃない。

〈ケセラ〉オーナー 宮川賢左衛門

坂井サンは、京都のヒッピー・カルチャーの洗礼を受けた。

賢ちゃんも、その口だ。

本名、宮川賢左衛門。現在は白金《しろがね》のレストラン&バー〈ケセラ〉の主人。大阪に生まれ、'60年代に大学を卒業するも、「まったく就職する気なんかなかったね。だから、1回も就職試験を受けたことがなかった。会社勤めなんか考えもしなかった。結局、なんとなくいまの仕事についたんだよ。そういう人間って俺たちのまわりに多いよね。俺の場合、'70年に大阪で万博があり、ものすごい数の外国人がやって来た。そのあと京都はヒッピーのメッカになって、あの頃の関西って東京より面白かったんだ。俺のまわりにもヒッピーがいっぱいいたし、だんだん外国に出なきゃっていう気分になっていったんだね。とにかく1回、日本を出てみようと」。

それで、25歳のとき、まずタイに行き、そこからインドに入り半年、中近東に流れロンドンにたどりついて1年滞在、その後、アフリカに渡り1年かけてモロッコ、チュニジア、アルジェリア、リビア、エジプト、スーダン、エチオピアなどをまわり、インドに戻り半年、そこで彼は不運にも肝炎にかかってしまい、旅を断念して帰国した。

この遠く長い旅で、賢ちゃんは地球や自然、人々の生活を深く広く見ることになる。日本に戻り、しばらくは東京の某アパレル・メーカーで働いていたが、半年でやめ、大阪で友人と〝レゲエと自然食〟をテーマにしたレストラン〈チャイハナ〉をオープン。

「普通の民家を自分たちの手で改造したレストランでさ、庭や土間があるのよ。店のコンセプト・デザイン、大工までやったよ。それをオープンさせて、また東京に戻ったんだよ」

東京に戻ったのが'78年。この頃、ロンドンで知り合った連中と、レストランやバーをプロデュースするデザイン・オフィスを設立。すぐに高樹町にレストランクラブ〈クーリーズ・クリーク〉をオープンする。

「いらっしゃいませ、はい、どうもっていうだけの店じゃなくて、人の家に行くと友人がいて、たとえば旅行から帰って来たやつがこんな写真撮ってきたよっていう雰囲気で、適当に踊り出しちゃうような店をつくりたかった。楽しくて、しかも魂に響いてくる世界だよね」

確かに〈クーリーズ・クリーク〉はその当時、奇妙にエキサイティングなのりを東京で誇っていた。ボブ・マーリィを崇拝する賢ちゃんは、深夜12時になるとフロアのソファを片づけ、常設の巨大ビデオ・スクリーンにボブ・マーリィのシカゴ公演の秘蔵ビデオを流し自ら先頭切って踊っていた。毎晩、異様な盛り上がりをみせていた。

しかし、一方ではデビッド・ボウイが客で来て楽しんでいたりと、インターナショナルなレベルにもなった。

ボブ・マーリィが死んだときは、賢ちゃんは、その店で自ら企画した追悼イベントを開き、クチコミだけで３００人もの人間が入口に列をつくった。

「あのとき、よくもこんなに集まったなって感動したね。その快感が身体の中に残って、多分、レストランとライブを結びつけていくようになったんだと思うね。〈クーリーズ〉やめて〈ＣＡＹ〉をやってくれっていう話がきたとき、ライブをテーマにしようって最初から決めていたからね。コンサート・ホールで警備員に監視されて観たって面白くないよね。レストランなら酒も煙草も自由だし、ミュージシャンののりだってちがってくる。第一、俺が自分で楽しめるからさ。踊ったり、泣いたり、こんな贅沢《ぜいたく》なことないじゃない」

実際、〈CAY〉では、ローラ・リーという女性ゴスペル・シンガーや、アーマ・トーストという女性ソウル・シンガーのライブでは、賢ちゃんは歌に感動し、涙を流していた。いまも白金の〈ケセラ〉では、毎週土曜日にライブをやっている。

遠くへ旅をすればするほど、長い間旅をすればするほど、人は自由な生き方を選択する力を身につけてゆく。どんな車を持っているかより、どういう旅をしてきたかの方が、男にとっては大事な問題だ。そして、旅の経験は、その時は自覚できなくとも、やがて人から際限《さいげん》なく自分らしさを引き出してくれる。

サーファー／エコロジスト

宮川典継

何かに属することもなく、
自分で探求した真理をもって、
何とかうまく生き残ることです。

小笠原・父島の扇浦というビーチに、トラベラーを「水の惑星」の核心へと導き、〝魂にとって心地よい生活〟をヴィジョンとして見させてくれるアイランド・ピープルが暮らしている。彼はサーフ・ショップと同時にゾディアックによるドルフィン・スイミング・ツアー、無人島をめぐるアイランド・トレック、また内陸部の山の奥へのエコをテーマにしたトレックなどをサービスする〈ラオ〉を経営している。

彼は第2次世界大戦中、日本兵2万人、米兵6千人の戦没者を出した硫黄島を故郷とする一族の長男で、名を宮川典継という。夫人はイルカの写真の第一人者として知られる宮川ゆき乃。娘二人がいる。

宮川典継は1954年、伊豆大島に生まれ、20代のときに、東京、アジア、ハワイ、アメリカ、メキシコをめぐるスピリチュアルな旅を経て小笠原でのライフ・スタイルを確立した。

旅人の声を聞け。

*

15〜16歳の頃、伊豆大島にいてニュースで見る東京の学園紛争に何か時代が激しく変わっていくのを感じていた。毎週土曜日、大島から船で東京に出ては、'60年代のカウンター・カルチャーにかぶれていた。だけど、僕は本気でそこに身を投じることができず、1970年、17歳のときはじめて両親が土地を持っていた小笠原に移り住んだ。その頃、島にはヒッピー系の人間がかなり流れてきていて、僕は彼らとは肌が合わなかった。ただひとり、東京にいたときに僕に多大なる精神的影響を与えた10歳年上のボヘミアンがいて、カーレース好きで、ジミ・ヘンのファンで、江戸っ子の彼がヨーロッパ、モロッコの旅を経て小笠原にやって来た。彼と島で行動をともにするうちに、僕は旅に出なければ自分の人生をスタートできない気がして、はじめての海外旅行に行った。その旅先がネパールだった。ネパールには神といえるような存在が生きていると思っていたが、サドゥーしかいなかった。

ネパールで僕が悟ったのは、自分は根っからのアイランド・ピープルで、ヒマラヤを見ているうちに、無性に海に入りたいという衝動に襲われた。そのとき小笠原の海と自分の魂が結びついてしまっていることを知った。

1973年、20歳のときに定住を決心し、いまのショップと家がある扇浦に自家発電、自家水道の手づくりの小屋を建てて住みはじめた。その頃、扇浦には他に一軒も家はなかった。

サバイバルのような生活の中で、僕はサーフィンをはじめ夜はヘミングウェイ、クストー、『宝島』『白鯨』らの海洋文学を読みふけった。

僕はサーフィンを通し自分なりのライフ・スタイルを確立しようとした。仕事は週1便の船の荷役をしていた。サーフィンをしている限り、島の掘っ立て小屋にひとりで暮らしていても弧絶感はなかった。海を通し世界とつながっている気がいつもしていた。

サーフィンをはじめて8年目に、僕はハワイのノースショアに行った。ロペスの家の前のパイプラインに乗った。そのとき海にいたのはマイケル・ホー、デレク・ホーのチャンピオン兄弟サーファー、南アのチャンピオンのマーティン・ポッターたちで、彼らはワールド・コンテストのトレーニングの最中だった。僕は幸運にも彼らと一緒に海に入った。ノースショアに一カ月いた後、カリフォルニアに渡り、そこからプエル・エスコンディードというメキシカン・パイプラインを目指し旅を続けた。知る人ぞ知る秘境だ。

冒険旅行のような長い旅を経てポイントのビーチに着き、サーフボードとともに海に入って行くと、忘れもしない、サーファーがひとり波待ちをしていた。他には誰もいない。僕に気づき近づいてきた彼はよく見ると、頭はアフロ・ヘア、眼は山羊のよう、肌の色は黒かった。その彼が僕に、〝YOUR HOUSE GOOD WAVE〟と低い金属的な声でいった。

そのとき僕は、わけもなく無性にうれしくなった。同じマインドを持つ人間と海ではじめて出会えた気がした。僕は1カ月そこに滞在し、10フィートの波にも乗り、クリスタル・チューブも経験した。全身全霊に海のスピリットが入ったようなサーフィン・ライフだった。と同時に、海とひとつであった自分の生き方に自信を深めた。小笠原での生活が、意識の在り方、ライフ・スタイル次第で充分にグローバルなものになる予感もした。

僕は小笠原に戻り、自分の置かれている環境により眼を見開いた。それまで特別には意識していなかったイルカや鯨に対しスピリチュアルなコミュニケーションができるようになった。イルカと一緒に泳ぎ、鯨の生態の観察もはじめた。

サーフィンをはじめてノース・ショアに旅立つまでの間は、波のことしか頭になかったが、メキシカン・パイプラインまで行ったその旅から戻ってきたら、海そのものへの関心が芽生えていた。その後、パタゴニアのカタログから教えてもらったことも大きい。サーフライダース・ファウンデーションの存在やサーフ・ブレイク・キャンペーンのこともある。

僕は自然とエコ意識に目ざめていった。

いまはできるだけ多くの人間が、小笠原の海をプリミティブな形で体験することによって、御身ひとつで森羅万象に触れる喜びを知って欲しいと思う。そのための僕はガイドなのだと思う。

＊

1993年、宮川典継がモデルとなった劇映画『イルカと逢える日』がメジャー・システムによってつくられた。内容はTVのトレンディ・ドラマ程度だったが、この映画にボブ・マーリィの息子であるジュリアン・マーリィとウェラーズが特別出演した。そのためにラスタマンたちは小笠原にやってきた。

ジュリアン・マーリィとウェラーズは小笠原父島にやってきて、お祭り広場でコンサートを開いた。島にやってきたラスタマンたちは、あまりにすごい自然のスケールに、あまりに心優しいアイランド・ピープルたちに心底感動した。彼らは美しいビーチで毎日サッカーを楽しみ、海に入った。

ボブ・マーリィの息子とウェラーズが、この島にやってきてコンサートをやったということは、実にすごいことに思えてならない。

彼らを島に呼ぼうといったのは宮川典継だ。

追記

２００５年１月、宮川典継からＦＡＸが届いた。近況報告だった。

２００３年から、彼は仲間たちとサンクチュアリ・プロジェクトを立ちあげた。それは絶滅寸前の日本固有種のトリ、アカガシラカラスバトを保護しようと、山中に聖域をつくるものだった。２００４年の冬に、小笠原へ、そのサンクチュアリを見に行った。

そのとき、彼はいっていた。

「僕はイルカと泳ぐエコ・ツーリズムを開拓し、いまは山の中に入った。イルカのようにカラスバトは簡単には見られない。それは限りなく幻に近い。見るから、森の中で五感を研ぎすまして感じる。見せるエコ・ガイドから、感じさせ、イメージするエコ・ガイドの時代に入ったと思うんです」

そのサンクチュアリも完成し、アカガシラカラスバトの繁殖も順調で、新しいヒナも産まれたという報告だった。

最後に、「いまの僕の最大の関心事とは、何かに属することもなく、自分で探求した真理をもって、何とかうまく生き残ることです」とあった。

カメラマン

佐藤秀明——学校休んで、カメラを持って丘に立ったときの快感が、人生を決めた。

そういえば、佐藤のアニキはどーしてるかなって去年の秋、ふと思ったんだ。そしたら、翌日〝読売新聞〟の朝刊、都民版に佐藤サンの記事が大きく出ていた。

それは、２００１年のあのテロで崩れ去ったニューヨークの世界貿易センタービルを、'60年代に佐藤サンが建設時に撮影していて、その写真を写真集『鎮魂・世界貿易センタービル』にまとめ、日米両国で出版。その写真展を『グランド・ゼロ』と題して調布で開催中という記事だった。

講演会もあるというので、その日に出かけて行った。久しぶりの佐藤サンだったが、当日は忙しそうでアイサツだけに終わった。スピーチで、佐藤サンはいっていた。ツインタワーの写真集は——「ぼくにとって貴重な人生の記録である」と。

そう、佐藤秀明にとって、写真は人生の記録そのもの。その人生とは旅である。佐藤秀明はカメラを手にしたときから、人生の旅をはじめた。

再び旅人の声を聞け。

＊

中学2年のときですね、カメラをはじめて手にしたのは。親父が使っていたオリンパス・ペンです。人は何がキッカケで、その人の一生を決定してしまうような道に踏み込むかわからないですね。

その中学2年のとき、僕は東京から関西に転校していった。登校初日、最初の授業の音楽の時間に先生が関西弁で生徒を説教していた。みんなはうなだれて説教を聞いていたのですが、僕には関西弁が子ども心に漫才のように聞こえ、多分、変な表情をしていたのか、いきなり先生が歩み寄ってきて、〝関西のことなめたらあかん〟と怒鳴り、バシーッとほほを殴られたんです。

次の日学校に行くのをやめました。家を出たら校門をくぐらず、学校の裏にあった丘に登り弁当を食って家に帰った。2日目に家にあったオリンパス・ペンを持って丘に登り、そこからの風景を撮っていたら、その一回で写真にはまってしまった。

親父はフォト・コンテストに入選するくらいうまいアマチュア・カメラマンだった。だから、僕が撮ったフィルムを親父がすべて現像してくれた。写真に関しては恵まれた環境ではあったんです。神戸の六甲の方ですね、僕が写真を撮っていたのは。学校が嫌になればなるほど写真にのめり込んでいって、転校生の孤独をカメラでなぐさめていたというか。

風景にカメラを向けてシャッターに指をかけると、何か別の世界に踏み出していく気がするんです。カメラを持って家から出て行くことが、子どもの僕にとっては旅だったんです。それと、風景にカメラを向けると、その風景の放つオーラが直に心にくるような気もしていました。

六甲の山に登って神戸の街を撮ったとき、ちょうど日本が高度経済成長に突入したときで、街が生まれ変わっていくそのエネルギーがウワーンとカメラを通し迫ってくるのを感じました。見下ろす街から聞こえないはずの音が幻聴のように、いろいろな響きで聞こえてくる。そのときの子ども心での驚きはいまでも忘れない。それは人のエネルギーというか、オーラですけど、たとえばアフリカのキリマンジャロの頂上に立ってサバンナを見下ろすと、アフリカの大地からもわきあがってくるようなエネルギーを感じる。子どもの頃からカメラという道具は、それこそクライマーの山登りの道具やサーファーのボードじゃないですけど、自分を未知なる世界へと連れ出してくれる力を秘めていました。

高校3年のときには、カメラマンになろうと思ってました。報道カメラマンですね。ロバート・キャパがいたマグナムというグループにいた連中の写真がまぶしかった。憧れました。

自分も、やがて、どこかベトナムとかの戦場に行くことになるのかなと思っていました。それが、僕の写真の原点です。

1967年にはニューヨークに暮らしていました。写真を学ぶにはニューヨークだと、そういう時代でした。僕のまわりのカメラマン志望のやつとか、ダンサーとか、絵描きがみんなニューヨークに行くのにならって、僕も行ったんです。

ニューヨークでの生活は当時ブームだったヒッピー・カルチャーにどっぷりつかっていました。グリニッジ・ヴィレッジを歩いていると、あちこちから顔見知りのヒッピーが、ハーイって声をかけてくるような、毎晩、ヒッピー、アーティスト、特にフィルム・メーカーのたまっているところに顔を出していた。スピルバーグも、そんな連中のひとりで、ニクロム線に丸電球をつけて、部屋の電気を消して光らすようなパフォーマンスをしていた。

ニューヨークでは人間ばかり撮っていた。そこで人の撮り方を自然に身につけた。ファインダーを通しての人の見方ですね。若かったから、怖いもの知らずでもあったし、向こうも気安く撮らせてくれた。そのときの経験がその後の僕の旅と写真の方向を決めたような気がします。

人を撮ることによってニューヨークという街とひとつになれたんですね。やっぱり人間なんです。人間を撮ると、どんな辺ぴな土地でもホッとします。とりあえず、自分はそこにいることが許されたと。もし撮ることを拒絶されたら、そこにはいられないと思う。たとえ、そこがどんなに素晴らしく美しい土地であっても。ニューヨークには1969年、アポロ11号打ち上げのときまでいました。

その後、仕事でハワイに行ったとき、空港で偶然手にした『サーファー』という雑誌で、波の写真を見て、ショックをおぼえたんです。ニューヨークで『エンドレス・サマー』というサーフィン・ムーヴィーは見ていたんですけど、それには心が動かなかった。サーフィン雑誌の波の写真です。

日本に戻っても、もう波の写真が頭から離れない。いてもたってもいられず、貯金すべて持ってハワイのノース・ショアに行った。それが自然を撮りはじめた最初です。ハワイの波を撮るだけでなく、サーファーのライフ・スタイルがたまらなく魅力的だった。

かれらと一緒に行動していればハッピーだった。そこに僕は自由を感じた。僕が写真で求めていたものと、彼らがサーフィンで求めているものが同じだったんです。

美しい波が太陽光線の中で狂おしくブレイクしているのを見ると、この世のものとは思えぬ、地球の神秘を感じます。波をジッと見ているだけで、地球をめぐる自然のドラマをイメージするわけです。押し寄せてくる波の発生するところは水平線のはるか彼方で見えない。余計そこにイマジネーションがわく。サウス・アフリカのジェフリーズ・ベイは、南極の暴風圏に生まれるスウェルが押しよせ何キロも波がブレイクするんです。

そういう波の地球上の動きがわかるとたまらないですね。

僕は波を撮り、波を見られたってことが幸運だったと思います。波を見る感覚と同じような感覚でヒマラヤを見られたんです。

ただ、ヒマラヤは別世界、海とはちがう。そこもこの世とは思えない世界です。地球の尊厳を感じます。ヒマラヤに登って、夜に月を見ていると、日本で見る月とはまったくちがう月がそこに光っている。

いま自然がものすごい勢いで破壊されている。僕も旅をして、その惨状をこの眼で確かめている。だけど一方では、人間がいくらぶち壊しても回復する力を自然はそなえているようです。

たとえば、地球上で最も巨大な生物は樹なんです。ジャイアント・セコイヤとかレッド・ウッド。アメリカの、その森に行ったんです。そこは100年前に人間たちが入ってクリア・カット状態に滅茶苦茶に伐採しつくしてしまった。ところが最近になって、その消えたはずの森に若木が生えて生長してきている。800年もすれば、そこはピュアな自然が巨大な樹の森となって復活しているはずです。だからといって伐採が許されるわけではないですが、自然の力は計り知れないものがあります。

シェラ・ネヴァダの反対に富士山と同じくらいの標高のホワイト・マウンテンという山があります。そこの山頂にはブリッスル・コーンパインという松の木があって、これがいまでは世界で一番古い松の木の林なんです。4千年、5千年の樹齢です。

その倒木を輪切りにしたものがヴィジターズ・センターに飾ってあり、よく見ると、4千年、5千年の年輪が刻まれている。その中ほどに矢印があり、ここでキリストが生まれたとか、人類がはじめて月面に立つとか刻まれている。コロンブスがアメリカにやってきたのはここか、とか、大自然の時間の中の人の歴史を、そういう形で確認できる。その松の木が何百本って山頂にあり、その下がモハーベ砂漠です。砂漠をはさんでシェラ・ネヴァダがダーッと広がっている。それはそれはすごい世界です。

本当に世界は想像を絶していると思います。

ユーコンをカヌーで下っていると、いろいろな人間に出会います。

曽祖父がカヌーでユーコンを下ったという男に出会った。曽祖父の残した日記に、そのときのことが記録されて、彼はそれをたどっていた。もう少し行くとでかい樹があるはずなんだけど、と下っていくと、まったく手つかずでその樹が立っていた。何百年も変わらずに世界が残っている姿を見ると感動します。

そういう河がアラスカには何本もある。河を下っていくと、何ひとつ昔と変わっていない世界がある。ただ、その年の雪の量や氷の量で、河の流れは少し変わりますけど。静かで、水がきれいな河だと、本当に宙に浮いているようです。下をのぞき込むと水が流れていて不思議な感じがします。水面の上をカヌーで旅をしていると、なんとなく宇宙遊泳をしているような。『宇宙船とカヌー』の世界そのものです。

海の波とは対極にある地球の面白さです。波が動なら河は静、陰陽です。

カヌーに乗って陸を離れるときに全部面倒臭いことを忘れられる。スタート地点まで重い荷物を持って行って、で、着いてカヌーを組みたてて、荷物をキャビンにつめ込み、快適な居住空間を確保して、そこで、スッと岸から離れるときの悦び、それは無上の悦びっていうやつですね。

多分、古代に生きていた人間も同じような快感を味わっていたと思う。

それが旅の悦びをよくあらわしている。

学校が嫌になって、カメラ持って丘に立ったときにも、ちっぽけだけど同じような快感があったんだと思うんです。

ミュージシャン

シオン――高校2つやめて、なんにもすることがない。何かやらなきゃって思ったとき、俺、曲を10曲ぐらいつくったんですよ。

時々、無性にシオンを聴きたくなる。そんなとき、『UNTIMELY FLOWERING』を聴く。1曲目から、凪いだ海原に一気に波が立つかのように、臥していた感情が立ち上がってくる。そして稲光が走り、胸のあたりがあったかくなってくる。

3曲目の『青と透明』では、池畑潤二の優しく力強いドラミングの拍子に乗って、シオンは歌い出す。

眩しすぎる空　どこまで高い空
俺は目をつむって　空に顔を晒す

頭の先から　心地よい痺れが
足の爪先まで　俺を洗ってくれる

知らず知らずのうちに体につもりつもってしまった邪念、邪気のホコリを洗い流してくれる。僕は泣いている。13曲聴き終わったときには、自分が生まれ変わったような気分になって、まだ今日なのか明日になったのかわからないような時間から、また歩いて行くかと部屋を出ていく。

シオンは今年、音楽歴20年目を迎える。6月11日にはロックの殿堂・日比谷野外音楽堂でのライブが決まっている。

その野音の前哨戦ともいえるライブが、3月11日、恵比寿の〈リキッドリーム〉で行われた。ひとりで観に行った。会場には男が多く、見当では20代から40代、ロッカーズ風もいれば、パンクス、グランジ系、そして会社帰りなのだろう、サラリーマンもいて、一人ひとり個性的だ。子どもを抱えた女性もいた。その偏《かたよ》りのなさが会場の空気に解放感を与え、ロンドンやサンフランシスコのホールにライブを観に行ったときのことを思い出させた。

ステージに登場したシオンは、しょっぱなから、あの唯一無二の嗄《しゃが》れ声で観客に襲いかかる。フロアーに雄叫びが上がる。僕はそこでもまた感情が立ち上がってくるのを全身で激しく感じ、いつしか、泣いている。そして、ライブが終わったときには、生まれ変わった自分を感じる。

その日、友だちの池畑潤二を楽屋に訪ねた。久しぶりの再会。「すげー、よかったよ」と気持ちを彼に伝える。楽屋の中心にポツンと座っているシオンに池畑クンが紹介してくれた。俺はシオンにいう――「15年前かな、雑誌のインタビューで会ったんだ。六本木で昼間からウイスキー飲みながら話したんだよ」。

「そんなステキな時間があったんだ?」

とシオンは笑った。

そのときの話から、僕はこんな物語を雑誌に発表した。

'89年に発表されたシオンの2枚組アルバム『Strange But True』に収録された『天国の扉』を聴いたとき、全身に震えが走った。

シオンはこのボブ・ディランの名曲を、ジョン・ルーリーの実弟エヴァン・ルーリー率いるタンゴバンドの演奏で歌っていた。

ディランがビリー・ザ・キッドに捧げた『天国の扉』は、ぎりぎりの絶望とぎりぎりの希望が入りまじったエモーショナルな曲だが、シオンは完全に自分のものにしていた。

シオンは歌う――なぁ、このピストルをはずしてくれ、もう撃てそうにないから。

『Ｓｔｒａｎｇｅ　Ｂｕｔ　Ｔｒｕｅ』、奇妙だけど本物、まさにシオンそのものではないか。


「歌うためなら、なんでも捨てられたんです」とシオンはいった。そのとおりにシオンは10代のうちに〝他人から決めつけられた人生〟を捨て、〝自分のままに歌うこと〟を選びとった。歌うことは、いまの時代、それほど難しいことではない。でも問題は、歌うことによって何を獲得するかだ。人気か金、あるいは名誉、でも、それだけなら別の仕事でもできそうだ。

シオンは「好きで生まれて来たわけじゃない　選んで暮らしてこれたわけじゃない好きで生きていたい」と歌う。

「最初に高校飛び出したのは15歳ですね。俺のまわりには何もなかった。山口のド田舎で、まわりは農民と漁民ばっかり。何もない。

とにかく、俺にはすべてが気持ち悪かった。学校にいると、具合が悪くなった。それでも入学して1週間は通ったんですけどね、もたなかった。

で、親は自分の子どもを高校ぐらいは卒業させようと思って、別の高校へ編入させてはくれたんです。でも、1日で具合が悪くなってやめた。要するに、俺は〝位置について、よーいスタート〟が昔からできなかった。みんなと校庭に並べなかった。

何かちがったんです。たとえば、みんな髪を伸ばしたいと思う。でも学校が厳しい。だったら、みんなで伸ばせばどうってことない——と俺は思う。でも、みんなはいやだと。じゃ、俺だけ伸ばそうって、そんな感じです。

その頃、何考えてたんだろう? いまとなってはハッキリわからない。その頃、メモでもしておけばよかったけど……いまはわからんですよ。

でも、そのなんだかわからん気持ちが音楽に結びついていったんだろうけど……その頃、特別に音楽に入れ込んでいたっていうのはなかった。

バンドやってるやつとかはいても、俺はみんなとやる気なかったし、ギターも弾けなかった。で、あるとき、友だちのギター貸せっていってコード2つ3つおぼえて、いきなり自分で曲をつくっちゃったんです。だから曲つくる方が早かった。曲っていっても、アレ目ざわりだ、アレ気に入らねえ、なんだか具合悪いだのっていう音楽じゃないですよ。

で、高校2つやめて、なんにもすることがない。田舎だからまわりがうるさいこともいう——家でゴロゴロしていると。何かやらなきゃって思ったとき、俺、曲を10曲ぐらいつくったんですよ。あー、これをやればいいじゃないって、家を出て、ギター持って京都へ行ったわけです。16歳だった。

歌わせてくれってライブ・ハウスをまわったけど、ダメだった。俺、ライブ・ハウスのシステムなんかわからんかったから。でも、1週間ぐらいベンチに寝てウロウロしていたら1カ所歌わせてくれる所が見つかって、そこで、俺、はじめて自分の名前をえらそうにシオンっていったんです。自分の本名は気持ち悪かったし、突然、これからはシオンにしようって。

シオンって、小学校だか中学校だか読んだ本のなかに出ていたのおぼえていたんですよ。どういう意味だかわからない。ただ、おぼえてたっていう」

シオンは「振り出しは振り出しで　終わりじゃないだろ」と歌う。

「京都や近くの街をぶらぶらしてた。ベンチに寝たり、時々歌わせてもらったり。で、ある日、ベンチに寝てたら、そこがバス停のベンチだったから、朝の通勤のサラリーマンがウジャウジャいたんです。俺、サラリーマンって大嫌いだった。ところが、みんなが立ち話しているのが聞こえてきて、家の話とか家族の話をしていて、俺はアレ！　ちょっと待てよと思った。

俺は腹減って、もう倒れそうで、ポケットの中には、自分の街までの帰りの電車賃しかない。これは話がちがうんじゃないか、と。こんなベンチで寝泊まりする生活なんてサイテーだ。で、俺は家にもどった。それで髪をばっさり切って、3度目、高校にもどった。

結局、2年しか続かなかった。なんなんですかね。でも、俺はこんなことやってらんねえ、お前らバカじゃねえの、なんていうツッパリは、もうとっくになくなっていた。

その頃、地元のジャズ・クラブでも歌ってたし、音楽か学校かっていうとき、歌うためならなんでも捨てられたんでしょうね。ジャズ・クラブを経営していた連中が、ニール・ヤングとかボブ・ディランを聴かせてくれたんです。

はじめて聴いたんですよ。ニール・ヤングもディランも。それまで音楽なんか聴いたこともなかった。日本の音楽聴くと、腹が立ってしょうがなかったし。ニール・ヤング聴いて、はじめて〝ざわざわ〟ときた。

3度目の学校もやめ、山口県内のジャズ・クラブとかで歌っていたんです。でも、やれても月に2、3回。もう、それ以上はやれないだろうなってわかったとき、俺、東京に行こうと、はじめて思ったんです。

東京に行けば、いくらでも歌える所はあるだろうって、あと先も考えず、ポコンってきた」

シオンは「風のない　風のない街の　役立たずの風車」と歌う。

「19歳になってましたね。山口から新宿に家出してきて、歌わせてくれるライブ・ハウスをウロウロ探した。結局、新宿はどこもダメで、神楽坂のライブ・ハウスで歌えるようになった。

バイトも探してたけど、どこも雇ってくれなかった。でもある日、新宿の駅を出て道歩いていると、アクセサリー屋があって、自分と似たような赤い髪とか黄色い髪の連中が働いていたんですよ。そこに〝アルバイト募集〟って貼り紙がしてあったから、『あのー、働きたいんですけど』って入っていったら、翌日から働けることになって、いちおうメシは食えるようになった。

アクセサリー屋っていってもシンジケートになっていて、ヒッピーの親玉が中心になり50人ぐらいを抱えていた。アトリエがあって、アクセサリーつくって店に卸《おろ》すっていう。俺と一緒に働いていた連中のなかには、マンションふたつ買って店3軒持っちゃったなんていうやつもいましたからね。

で、その人のところに俺がデビューして1年目ぐらいに行ったら、『シオン、歌なんかやってる場合じゃねえよ』ってバシッて切られて、コノヤローって思いましたね。

その店の連中もみんな音楽好きで、いつも音楽の話をしていたんですよ。でも、俺は歌っているのを黙ってた。で、ある日、神楽坂のライブ・ハウスで歌うってとき、店にポスター貼らしてくれっていって、そのときはじめて『お前歌ってるのか』って話になり、『じゃあ、みんなで見に行くよ』って。みんなジャズ理論だの、クラシック理論だのにうるさい連中なんですよ。俺はEマイナー、Dマイナー、AだのGだの、レベルがちがうんじゃないかって、ドキドキだった。ところが、みんなすごく気に入ってくれて、それでバンドつくった。

そのときつくったテープが結局、俺のレコード・デビューのきっかけになったんですよ。俺が売り込みに行ったんだけど。バンドはバラバラになったけど、みんなけっこう気分のいい連中だった。

レコード・デビューが決まってスタジオに行ったら、そこにラウンジ・リザーズがいて、いきなり一緒にやることになってたんですよ。録音は東京半分、ニューヨーク半分、俺は最初、信じられんかった。ラウンジ・リザーズのことも知らんし、ニューヨークに行くっていわれても信じていなかった。

そのときラウンジ・リザーズの音は耳なれなかったし、連中の演奏は全部即興だったんですよ。リハーサルやるたびにアレンジがちがい、どこから歌ったらいいのかもわからなかった。

で、ニューヨークへ行って、1曲ギターとアコーディオンと俺の歌だけでやったとき、歌い終わった瞬間〝ざわざわざわ〟ってきた。俺は、そのときニューヨークに来てよかった、彼らと一緒にできてよかったと思った。

結局、そのレコードはデビュー・アルバムにならなくて2枚目になったんだけど、ジョン・ルーリーがプロモビデオの監督をしてくれたんですよ。『ストレンジャー・ザン・パラダイス』のカメラマンを連れてきて。

最高におかしかった。

ジョンが『まず俺の部屋で撮ろう』っていうから行ったら、とんでもないところに住んでいて、ジャンキーやアル中がうようよいるバワリー地区。恐る恐るジョンのアパートに入って扉開けたら部屋のなかに布団が1枚敷いてあってグシャグシャなんですよ。俺、自分の部屋は汚いって思っていたけど、ジョンの部屋見て安心した。一発でファンですよ。ジョンはステージではスーツをピシッて着てオシャレな感じだけど、そういう人じゃないんです。普段はボロボロで。ジョンは東京でオシャレって思われていることをものすごく嫌がっている。六本木とか大嫌いなんですよ、ホントは。

で、ジョンの部屋で撮ったあと、ゲイの街に行ったんです。面白いからここで撮ろうって。ジョンは、俺はカウボーイの恰好《かっこう》するって、テンガロンハットかぶってハーモニカ吹いてビデオに出演するし、アート・リンゼイも出てくれた。

俺は顔を化粧して髪をおっ立てて街に立ってたんです。ゲイが俺のことをすごくからかった。で、撮り終わったあと、ジョンが道で歌えっていうから、俺は演技より歌がいいやって、思いきし歌ったんです。そしたら最初、冷やかしてたゲイたちが、歌い終わった瞬間、拍手してくれた。ジョンが、それを見てすごく喜んだ。なんだか不思議な時間だった。そこにいるようないないような。でも、本当にそのときも自分で〝ざわざわ〟ってした。そういう瞬間と出会いたいから音楽やってるようなもんなんです。」

『Strange But True』のレコーディングで再びシオンはニューヨークに。収録曲のひとつ『好きで生きていたい』を歌い終わった瞬間、バンドネオン奏者のアルフレッド・ベテルネラが「ストレンジ！」と叫んだ。その叫びを継いで、エヴァン・ルーリーが「バット・トゥルー！」といった。

「俺、そのコトバ聞いたとき、もうそれだ、俺は一生それでいこうって決めた」

シオンは、それを手に入れたのさ。

〈PB〉オーナー／DJ

福田泰彦——これからどうしようかなって、45歳で考えた。そこで思ったんですね、原点に戻ろうって。

「笑っちゃうんですけどネ」

ただただディスコを目指してフクちゃんは、１９７５年、神戸から東京に出てきた。その話に入る前に、フクちゃんがそんなに憧れたディスコとは、どんな遊び場なのか、その答えを先日、古本屋で入手した本の中に見つけた。１９５０年代半ば。パリでのこと。

サン＝ジェルマンの夜は評判で、パリの一流人士が気晴しをしに、あるいは羽目をはずしに、やってきた。金がないなどということはどうでもよかった。ちょっと金のある者が他の者の分まで払うのだ。我々にはビストロやディスコはつけがきいた。それも当然で、界隈に新しいスタイルを与え、地下クラブを発案したのは、クリスティアン・マルカンやミシェル・ドゥ・レや私といった若者たち、ジュリエット・グレコやアナベルといった娘たちだったからだ。「ディスコテック（ディスコ）」という言葉をつくったのは私だった。あるジャーナリストが我々に「実存主義者」という名前をつけた。やがてビート族やヒッピーの時代がくるのだった。（傍点筆者）

この本の著者は映画監督のロジェ・ヴァデム。著名は『我が妻バルドー・ドヌーヴ・Ｊ・フォンダ』（吉田暁子・訳／中央公論社）。ヴァデムの代表作はＪ・フォンダ主演のＳＦ『バーバレラ』（１９６８年公開）。ディスコテックがディスク（レコード盤）＋テック（棚）からなることは知っていたが、名付け親がヴァデムと知って驚いた。このディスコを生みだし「実存主義者」と呼ばれたパリの若者たちに憧れたのが、パンクの生みの親、マルカム・マクラレンやポール・ウェラーだった。フクちゃんも、そんな空気を無意識のうちに〝ディスコ〟に嗅ぎとっていたのかもしれない。

さて、本題に入ろう。

1975年、フクちゃん、21歳。グラフィック・デザイン系の専門学校を前年卒業し、フリーターの生活をしていた。仕事はペンキ屋、駐車場、たまにイラストレーション。夜はキャバレーのハコバン。

「笑っちゃうんですけどね、そのバンドでグランド・ピアノ弾いてたの。演奏してたのは流行歌ですね。ホステスさんが何百人っているような、昭和40年代みたいな、すごいグランド・キャバレー。酔っ払いの客とホステスが踊ってて、そこで演奏するんですけど、客の少ないときは、サンタナとかロックやってましたね。金にはなったの。ひと月10万ぐらいだから、当時サラリーマンの給料よりいいのね」

金を貯めて、東京のディスコに遊びに行こうと、1年働いた。当時、神戸にディスコはなかった。大阪にはあったが——「なんかヤクザっぽい人がでーんと座ってて、そのまわりにチンピラがたむろしてるような、全然イメージとちがった」。フクちゃんがイメージしていたディスコは、「オシャレで流行の先端をいく人たちがいっぱいいるっていう」、赤坂の〈ビブロス〉あたりだったんだろう。だけど、'75年頃は、実はもう東京でもディスコは最先端ではなくなっていた。

ディスコに1カ月通って遊ぼうとフクちゃんは東京に出てくる。代々木八幡にアパートを借りた。原宿が近い。この町にも興味があった。神戸で、ウワサに聞いていた。表参道交差点に〈原宿セントラルアパート〉（現〈GAP〉）が立っていた。そこには当時、第一線で活躍するカメラマン、グラフィック・デザイナー、コピーライター、イラストレーターたちがオフィスをかまえていた。1階にあったコーヒーショップは彼らのたまり場だった。彼ら以外にも、革ジャン姿のクールスR.C.（岩城滉一、舘ひろしが当時リーダー）やモデルの山口小夜子もいた。「ここにカッコいい人が集まってることを、ウワサに聞いてたんですね」。フクちゃんは〈レオン〉に入りびたるようになり、「1カ月じゃ帰れなくなっちゃって、実はそのまま東京についついちゃうわけですよね。それで28年間。笑っちゃうね」。フクちゃんは、原宿の家賃3万のボロ・アパートに移った。

東京に出てくるとき、友だちのF君が一緒だった。彼のお父さんが、〈原宿セントラルアパート〉の斜め向かいのビルにオフィスをかまえていた。仕事はスニーカーの〈コンバース〉の輸入代理店。その仕事を、F君と一緒に手伝うようになった。「営業ですよ。買ってくれませんかぁって、当時オープンしたばかりの〈ビームス〉や〈シップス〉をまわって。と同時に、〈レオン〉で知り合ったトシ（中西俊夫）、チカ（佐藤チカ）たちとバンドもはじめたのね」

この辺の事情は僕もよく知っている。というのも、1975年から僕がつとめていた出版社〈八曜社〉が、そのF君のお父さんのオフィスのあるビルに渋谷から移った。〈八曜社〉には立花ハジメ（現アーティスト）がいた。立花ハジメは、トシちゃんやチカ（スタイリスト）とも親しく、自然とフクちゃんともつながってゆく。

「スーッと、中に入り込んじゃったのね。そういう性格だったんだろうね」

〈プラスチックス〉が結成される。F君も〈八曜社〉の営業のA君もメンバーになる。いきなり、フクちゃんは原宿最先端のバンドのメンバーになった。

そして1976年、ロンドンから衝撃がやってくる。パンクだ。何よりもセックス・ピストルズ――「めちゃくちゃ衝撃的。そこでグァーっとやられちゃうわけですよ」。

〈プラスチックス〉はパンクに走る。生活が激変する。昼はコンバースの営業、夜は髪をおっ立ててパンク・ファッションでライブ。二重人格者のようだ。

「この落差がすごい。〈プラスチックス〉も怖いくらい人気が出てきて、みんなでロンドンでデビューしようって話になり、プロ・デビューも決まったのね。でも、僕は昼間の仕事をやっているうちに、ショップを持つのもいいなって思うようになって、迷うわけです。で、僕はバンドよりもショップを選んだ。デビュー前にやめちゃったんです」

1979年、26歳。F君とA君と3人で、渋谷のファイヤー通りに3坪のショップをオープン。店の名は〈プレッピー〉。

「アメリカによく行ってた友人がプレッピーのこと教えてくれたのね。プレッピーというのはアメリカの附属高校のファッション。〝プレパラトリー・スクール〟っていう。ようするにネイビーのブレザーの上にマウンテン・パーカーをはおるみたいな、決まりきったスタイルじゃなくて、自由な着こなしのトラッドですね。神戸にいた頃は、アイビー系が好きだったから、じゃあ、ショップはプレッピーでいこうって、コンセプトと店名にしたわけです」

プレッピー・ファッションをアメリカで買いつけ、8月、店をオープン。家賃は3坪で8万。しかし、売り上げゼロの日が続く。2カ月たって、3人は落ち込む。

「いや、もうやめようか、大失敗だねって。2カ月でそんなこといってるの。みんな若いからさ、26歳だったし」

ところが、天の配剤か。当時60万部発行していた雑誌『ポパイ』に〈プレッピー〉が小さな記事で紹介された。モノクロ・ページに4センチ四方ぐらいのコラム。雑誌発売の翌日から店に客が押し寄せてきた。「ドォーンと当たったわけですよ」とフクちゃん。

それからの〈プレッピー〉は飛ぶ鳥落とす勢いで成功してゆく。全国をプレッピー・ブームに巻き込み、2軒目の〈プレッピー〉を〈原宿セントラルアパート〉のそばにオープン。その頃、〈プラスチックス〉も念願のロンドン・デビューを果たし、アメリカ・ツアーを敢行。日本でもニュー・ウェイブ系のバンドとしては記録的なセールスをなしとげた。原宿のコーヒー・ショップからはじまった〈プレッピー〉も〈プラスチックス〉も'80年代初頭、一世を風ビした。〈プレッピー〉の売り上げは渋谷の3坪、原宿の10坪で年商5億までいった。

その勢いで、1981年銀行からの融資をうけて、1億かけて銀座店をオープン。それが運命を狂わせた。

「28歳ですよ。若気の至りでね。東京で商売やるんなら、銀座ってね。甘かった。もう全然ダメ。家賃も高い。街にいまみたいに若者もいない。老舗ばっかりでしょ。それに世はDCブームに突入して、プレッピーの時代も終わっちゃってね」

低調のまま、銀座は7年で撤退。渋谷店、原宿店だけは続けていたが、地上げで閉店。入ったお金で、借金返済。残ったお金で、新たに代官山にショップを出すが、結局、それも失敗。

「で、僕はまぁ、最終的には会社つぶしちゃうんだけど。そのとき、45歳ですよ。これからどうしようかなって、45歳で考えた。またファッションやらないかって誘いもあったんだけど、自分の中で、もう十分やったし……いい面もあったし、つらい面も経験した。戻る気がしない。サラリーマンも無理。

そこで思ったんですね。原点に戻ろうっていうか。東京に出てきたときのこと思い出したのね。ディスコで面白くてカッコいい人たちと知り合うために出てきたんだから、じゃあ、そういうバーをつくればいいんだってね。バーも好きだったから。で、自分は音楽が好きだったから、それじゃあってロック・バーに決めたのね。'60年代から'70年代のロックのアルバム200枚、神戸の実家から送ってもらって、ここではじめたわけです」

店の名は〈PB〉。1999年、フクちゃん、45歳。西麻布のそば屋の上に、カウンターとテーブル2席のバー。そこで、僕は20年ぶりぐらいにフクちゃんと再会する。フクちゃんはトシちゃんとも、20年ぶりに〈PB〉で再会する。そこは再会の場となった。

「昔の仲間が徐々に集まってきてね。口コミで伝わっていったんですね。20年ぐらいブランクがあっても、会ったらね、気分が'70年代に戻っちゃう。森永さんともそうだったし、中西も訪ねてきてくれて、会ったら、大感激。もうふたりで抱き合って。だから中西は僕にとってキー・ポイントだった。東京に出てきてアイツと出会ったことが、僕の生き方決めたんですね。そのアイツと〈PB〉で再会したわけですから、店やってよかったと思うね。もう6年経ちます」

フクちゃんが〈PB〉をオープンして最初にかけたレコードは、10代のときに一番聴いていたニール・ヤングの『ハーベスト』。

〝harvest〟は収穫を意味する。

再会はフクちゃんにとって何よりの収穫。他に収穫は、毎日の売り上げを持って渋谷、下北沢のレコード屋にレコードを買いに行き、いまやコレクションは6千枚。

他には、ニール・ヤングと並ぶほど大好きだったザ・バンドのロビー・ロバートソンが、〈PB〉にやって来た。夢のような一夜。ロビー・ロバートソンはカウンターに腰かけ、フクちゃんのかけるザ・バンドの曲のエピソードを話してくれた。そして、フクちゃんにジェームス・ブラウンをリクエストした。

それが何よりの収穫。

「森永さんとも、もう28年ですものね」

というフクちゃんは、人が、音楽が、酒が好きなんだろう。

2003年6月19日、フクちゃんの発案で、〈PB〉と〈レッドシューズ〉のダブル・ネームのイベント〈HOT RED〉が開かれた。場所は〈レッドシューズ〉。かつて'80年代、西麻布で一世を風ビした〈レッドシューズ〉は、ディスコに代わる最新のスポットだった。いまは南青山で再開した。そのイベントに僕はトーク・ゲストとして呼ばれた。フクちゃんはDJをやってホットなナンバーで客を乗せていた。トーク・ショーでフクちゃんと話したとき、僕が、フクちゃんは〈PB〉に入ると、夜8時から朝4時までカウンターの中で立ちっぱなしで、一晩に百曲DJし、酒もつくり、客の相手もし、51歳にもなって、その根性がすごいっていうと、フクちゃんは、

「全然苦じゃない。楽しい。それに足が丈夫なの。だって若い頃、ディスコで一晩中踊り狂ってたんだもん。やっぱり原点なんだよ」

といって、その夜も一晩中踊ってた。トシちゃんも踊ってた。〈WALKIN〉の秀ちゃんも踊ってた。僕も踊ってた。

その夜、フクちゃんから、〈プレッピー〉の思い出話も聞いた。

「僕は〈プレッピー〉やってる頃、ザ・ジャムが好きだったのね。ジャムを解散して、

ポール・ウェラーがスタイル・カウンシル結成したでしょ。で、スタイル・カウンシルが初来日したとき、突然、うちに買い物に来たの。売り上げよりもそれがうれしかった」

そうか、そうか。フクちゃんの大好きなロック・ミュージシャンが、ロビー・ロバートソンもポール・ウェラーも店に来たんだ。

これが、街に生きる者にとってのハーベストだと思うね。フクちゃんに、〈プレッピー〉に〈PB〉にカンパイだね。フクちゃん、また一緒に遊ぼうね。

声優／俳優

伊武雅刀——

つくる側が楽しんでなきゃ観る側も楽しめない。楽しいから一生懸命やるんだよ。

今村昌平監督『カンゾー先生』の中で、伊武雅刀が見せた名演技は志ん生の落語の〝オチ〟にも匹敵する。かつてスネークマンショーにおいて〝語り〟だけで、こてんぱんに〝権力〟をコケにしていた伊武ちゃんの、それは肉体的演技によるスネークマンショー的ギャグ爆弾を思わせた。

伊武ちゃんは軍人の役。とにかくいばりくさってる。女（松坂慶子）とやりたいと欲情してる。女は軍人を嫌ってる。が、その時代、軍人は〝権力〟そのもの。庶民が逆らえるものではない。軍人の欲する通りに、ことが進む。あきらめ、軍人に体を開く女。軍人は軍服のズボンと下着だけを脱ぎ、欲をとげようとする。

が、インサートした瞬間、発射。

いばりくさる軍人が、それではカッコつかない。

権威失墜のその瞬間の、伊武ちゃんの演技は、なんとも絶妙に、とりつくろいの無様さを、爆笑もので表現している。

これが演技だよな。神髄だよな。

僕の大好きな喜劇映画『幕末太陽傳』でフランキー堺が見せたパフォーマンスの数々。それは一瞬の妙技なので、よく友人たちと、ビデオのリモコンの巻き戻し、再生を操作し、妙技を何度もくり返し観て、笑い転げてた。伊武ちゃんの妙技も、そのくらい愉しめる。


伊武ちゃんとは3回一緒に海外旅行をしている。'80年代のことだ。'81年にバリ島。'82年、'84年に台湾。'81年のバリは、スネークマンショーのカセットブックのロケだった。

そのときのこと。伊武ちゃんはロケ隊より数日遅れてやって来ることになった。それも飛行機の便の都合で、香港―ジャカルタ経由バリという遠路を〝インディ・ジョーンズ〟そのままのカッコで――つまり、帽子をかぶりムチをベルトにつけたあの冒険家の

――、イミグレーションや税関の係官が見たらモロ不審に思うスタイルでやって来てしまった。

バリ島でのロケが、そういうパロディ版〝インディ・ジョーンズ〟だったのでそうなったのだが、それにしても、バリ島の空港にインディ・イブ・ジョーンズが現れたときはぶったまげた。

「途中、大変だったでしょ」と訊くと、平然と「やっぱり、このカッコだとね」と伊武ちゃんは笑った。こういう人間のことを役者というのだろうか。自分は到底なれないな、と赤道直下の灼熱の炎天下で思った。

それから4年後かに、伊武ちゃんはパロディじゃなくて、スピルバーグ監督の映画『太陽の帝国』に出演していた。オーディションのため来日したスピルバーグとの面接で開口一番、伊武ちゃんは「私は〝E・T〟が大好きです」といったそうだ。

「スピルバーグと一緒に仕事して楽しかったよ。そういうものなんだよ。つくる側が楽しんでなきゃ観る側も楽しめない。スネークマンショーのときも楽しんでやってたし、楽しいから一生懸命やるんだよ」

ところで、伊武ちゃんはその昔、ストリップ劇場で前衛的な演劇をやっていたという。

伊武ちゃんは子どもの頃から映画を観ているうちに、自然と銀幕のスターに憧れるようになった。いまやムービースターなんて死語に近く、映画に限らずスター不在の時代といわれているが、伊武ちゃんの10代の頃は銀幕と呼ばれた映画館のスクリーンの中にも、レース場にも、野球場にも輝くばかりのスターはいたし、人間の自然の本能であるかのように人々はスターに憧れたものだ。そういう時代は、いまみたくスターをスキャンダルで叩きつぶしたりはしない。誰もそんなことを望んでいない。

伊武ちゃんはスターらしいスターになることを望んでいたが、その道に進もうと思った18歳ぐらいのとき、すでに〝スターの時代〟が終わっていくのを感じた。映画にしろ音楽にしろ、その当時、'60年代末の反体制運動に巻き込まれて、娯楽路線から前衛的、政治的な方向に向かいはじめてしまった。スターの生きる場所がなくなり、GS（グループ・サウンズ）の2大スターだった沢田研二と萩原健一も時代の波に乗ろうとして〈PIG〉というロックバンドを結成したが、コンサート会場で過激な観客から空き缶をぶつけられ、あえなく解散した。そんな時代だった。

映画はとくにひどく、仁侠映画の高倉健が唯一の、といっても革命運動をやっている大学生やインテリ層の支持を受けるカルト的スターで偏っていた。

伊武ちゃんの夢は時代の犠牲になってしまい、しょうがなく、その時代のブームともいえた演劇の道に進む。19歳のとき、伊武ちゃんは劇団〈雲〉に入るが、赤毛のカツラをかぶってのギリシャ悲劇に、「そんなのやりたくないよ。いまでもやりたくない」と反抗、結局クビになってしまう。次に、ちょっとはマシかと小沢昭一らの結成した〈俳優小劇場〉に入るが、「今度は百姓一揆みたいな芝居やっててさ、土の匂いがするんだよ。あまりに田舎っぽくて、半年でやめちゃったんだよ」。

その頃から伊武ちゃんは建設労働者やパブの呼び込みで金をつくっては、元の青線地帯だった新宿ゴールデン街で酒をかっくらう生活におぼれる。当時の映画や演劇の人たちはみんなそうだった。サントリー・ホワイトが高級酒だったのだ。

「まったくわけのわかんない時代だよね。ただれた生活送ってさ。新宿なんかで飲んでると、アングラ劇団のやつらが喧嘩売ってきたり。派閥抗争があったんだよ」

そういう生活の中で伊武ちゃんもアングラ劇団をつくって、本人いうところの、まったくわけのわからない『安全保障条約』などというタイトルの芝居をやりはじめるようになる。

「とにかく、わけのわかんないものやるのがいいんだみたいな時代だよね。むずかしいのが流行《はや》ったんだよ。ゴダールの『気狂いピエロ』観てサッパリわかんないのに、人に観た？　カッコよかったよ、最高!!　なんて。芝居やったって、やってる本人たちがわかってないんだから、観てる客がわかるわけないっていうの。恐ろしい時代だったね、いま思うと」

スターへの憧れはどこへやら、伊武ちゃんはアングラ劇団の泥沼にはまり込んでしまった。きつい労働で金をつくっては、わけのわからない芝居を打つ。といっても、公演場所はストリップ劇場だったりした。

「名古屋のストリップ劇場でやったのよ。むずかしい芝居とストリップをいっしょくたにやっちゃおうって、すごいのりだったね。客はみんなストリップ観に来てるのよ。俺たちの芝居は女なんか出てこない。最初の5分ぐらいは客も観てるけど、20分ぐらい経つとやっぱり怒り出したね。怒るよね」

その時代はアングラ劇団はブームだったが、'70年代に入るとブームも終わってしまった。わけのわからない、むずかしい文化も用なしになってしまったが、それでまた〝スターの時代〟が戻ってきたわけでもなく、伊武ちゃんはFM東京の資生堂MG5提供のジャズ番組のDJにおさまった。

そして、あの声の演技で、'70年代のうちにスネークマンショーの人気者になっていった。その後は、役者稼業に精を出しているが、伊武ちゃんのムービースターへの夢は、実は、ちゃんと叶っていたのだ。

15年前のことだ。去年の暮れ、津波により壊滅的な被災をうけたスリランカに伊武ちゃんはヴァカンスに行った。

「ドイツ人のツアー・グループが同じホテルに泊まってたのね。で、彼らが俺の方を見てなんかざわざわしてんの。そのうち、ドイツ人たちについているガイドが、俺についてるガイドに『あの日本人はムービースターじゃないかってドイツ人がいってるけど、そうか?』って聞いたんだろうね。俺のガイドが『お前、ムービースターか?』って聞くから、スピルバーグの映画に出たといったら、そのガイドの態度変わったものね。俺もね、インドに生まれてりゃよかったよ、と思ったね」

それにしても、『カンゾー先生』のあの妙技は、伊武雅刀にしかできない。

銀幕のスターであった若い頃の石原裕次郎は「なんだろうと俺は、のさばっているやつは嫌いなんだよ」と常日頃口にしていたらしいが、まさにそんな気構えをさえ感じさせる迫真の演技だった。
やり甲斐があって、きっと「楽しいから一生懸命やった」んだろうな。

〈クラブキング〉代表

桑原茂一

自分が面白い、楽しそうだと感じたものを信じてやるべきだと思う。

人類愛、博愛とまでいかなくても、衆妙之門（老子）の性愛においてまず、やっぱり愛は人にとってものすごく大事なものだと思っていた矢先、〝桑原茂一のスタイルのあるコメディ〟『STYLE　OF　COMEDY』という本が送られてきた。

その本の巻頭に、茂一の宣言――。

愛の言葉が聞きたい……から

私はコメディをつくる

日本のオルタナティブ・カルチャーにおいて、'70年代の最大の遺産であり、いまも残照消えぬスネークマンショーから、四分の一世紀経ち、茂一は再びコメディ・カルチャーのフロント・ラインに帰ってきた。

本に添えられていた業界向け、2005年初頭のごあいさつには、

2005年のクラブキングは、モバイルサイト〝ComedyNewsShow〟の立ち上げを皮切りに、コメディを中心に活動して行きます。dictionaryはもちろん、ComedyClubKingの活動、T-shirtsAsMedia2005などのレギュラーワークに加え、4月には銀座王子ホールにてモバイルサイトComedyNewsShowのイベント開催、8月には昨年に引き続き北海道で行われる、ライジングロックフェスティバルへの参加も決定しており、多方面に向けたコンテンツを更に成長させ発展していく所存でございます。

2005年1月27日
クラブキング
桑原茂一

ここにあるクラブキングは茂一が主宰する会社。『d·i·c·t·i·o·n·a·r·y』は2004年の10月で100号に達したフリーマガジン。そのごあいさつで、茂一はいう。

目指すのはやはり200号である。つまり死ぬまで生きるということだ。笑おう、諸君！

もっと。

Comedy Club Kingは、ラジオ番組を制作する一方、2001年よりインディーズ・レーベルからCDをすでに6枚リリース。すべてソールドアウト。そして、本の出版。後記で語られていたのは、

……911は間違いなくあった。あったその事実に立ち向かうとき、私たちの為すべきことは、笑いで世界を視る。笑いで世界の真実を知るということなのである。それが「スタイルのあるコメディ」という私の宣言なのだ。

茂一とはじめて会ったのは、1975年だったか。渋谷・桜ヶ丘のボヘミアン・カフェ〈マックスロード〉でだった。そのとき、彼はラジオ番組版スネークマンショーをプロデュースしていたが、内容があまりに反社会的なので東京のラジオ局からは相手にされず、関西地区でオン・エアしていた。それを東京でオン・エアするために、茂一は動きまわっていた頃で、その相談だった。結局、そのときは何の役にも立てなかったが、スネークマンショーに関しては、7年後、一緒にカセット・ブック版『南海の秘宝』を制作。そのカセット・ブックをニューヨークに持って行き、ウォーホル、バスキア、キース・ヘリングにあげたら、グレイト!! の連発。帰国してすぐに、ウォーホルのところから20冊注文が入った。その3人とも、もうこの世にいないんだぁ。死ぬまで生きた、僕らのアイドル。

以前、よく茂一が口にしていたコトバがある。それはカルロス・カスタネダの『ドンファンの教え』に見つけた呪術師（ヤキ・インディアン）の教え。

「心楽しいと思った道を歩め。それがお前にとって一番正しい道なのだから」

桑原茂一の〝道〟は、19歳にはじまった。世界の片隅で好きな音楽を禁断の果実のようにかじっている無名の若者だった。

1969年のことだ。

「母親が西麻布でスナックを経営していたんだ。で、僕は、その店にあったジュークボックスの選曲をしたりして手伝うようになった。それが、すべてのはじまりっていえば、はじまりだよね。当時は、レコードもなかったよね。とにかくいい音楽を幅広くかけたいっていう想いで一杯だった。それで、レコード会社に行って見本盤をもらってくることをはじめたんだ。レコード会社の方はビックリしただろうね。わけのわからないやつが突然会社に来て、レコードくださいっていうんだからね。でもその頃って、みんな素人の強みで、面識もない年上の偉い人に電話して会いにいっちゃうような、怖いもの知らずの勢いがあったよね」

その店〈キャッチボックス〉は、場所柄《がら》に彼の選曲の良さが加わって、たちまち人が集まってきた。故・景山民夫、菊池武夫、内田裕也、キャロルのメンバー、そして当時はパワーのあったレコード会社の洋楽部門のディレクターたち。

「夜遊びをしているんだけど、クリエイティブな仕事をしている連中だよね。彼らは鼻がきくから、なんとなく集まってきた。で、遊びに来た連中と知り合って、とくにレコード会社のディレクターは、当時は相当に翔《と》んでいて、デビット・ボウイ担当はボウイと同じ格好《かっこう》してるわけよ。彼らが文化の中心になって新しい時代をつくろうとしていた。僕らは彼らに憧れたよね。ずいぶんと影響されたと思う」

気がつくと、彼はもっとも先鋭的な音楽雑誌『ローリングストーン』日本版のジェネラル・マネージャーとなり、22歳から25歳まで広告集めで東京中を奔走していた。そして26歳のとき、ラジオ大阪でスネークマンショーを放送開始。

「あの頃は、みんなやみくもだったよね。何も知らないで突っ走ってた。『ローリングストーン』を一緒にやっていた編集長は結局、南の島で死んじゃったし、夢から覚めるような思いもしたよ。でも。僕はオノ・ヨーコがいうように、10年間続けて自分の夢をガンバッて追った人は誰かがごほうびをくれるっていう話を信じている。信じるってことだよね、大事なのは。スネークマンショーの成功だって、金を儲けようとして計算してやったわけじゃないんだよ。こりゃ面白いやっていうのりだけでやってたんだ。そしたら、タナからボタモチで当たっちゃった。若いときって、そういう幸運なことがヒョッコリ訪れるものなんだと思う。だけど僕は、じゃあ、それで金儲けをしようなんて思わないね。

音楽選曲家協会をつくったときも、まわりの人間は冗談よせよっていった。それでも僕はやりたいからやった。ＤＪの選曲によるダンスパーティーをね。そしたら２０００人も客が集まって、若い子がコンサートより面白いって喜んでくれたんだ。そのあと、全国的に飛び火したんだよ。だから、自分が面白い、楽しそうだと感じたものを信じてやるべきだと思う。若いときは誰にもチャンスがあるはずだよ」

先日、いつものようにフクちゃんの〈ＰＢ〉で飲んでいたら、トシちゃんこと中西俊夫がやって来た。そのあとすぐに、〝社長〟ことパパドゥの山田女史が松たか子のマネージャー嬢とやって来た。

アレッ、なんだ今夜、メンバーが変⁉　という夜。小さなバーにフクちゃん、トシちゃん、〝社長〟に僕、４人が親しいのは茂一のつながり。フクちゃんは茂一がプロデュースした〈プラスチックス〉のオリジナル・メンバー。トシちゃんは音楽やデザインに関する仕事をともにし、社長はスネークマンショーの芸人・伊武雅刀の事務所の創設者。

茂一が19歳のとき選曲をやっていた〈キャッチボックス〉は〈ＰＢ〉から歩いて３分ほどのところにあった。

映画監督

荒戸源次郎——未来の映画は考えておりません。どこからきたとしても、どこへいくにしても、現在の映画でしか私たちは存在しないのですから。

あれは2年前の春だったかな。荒戸の大将から連絡が入った。その頃、荒戸サンは何年も消息不明になっていたので、電話にはビックリした。「ちょっとたのみごとがあるんだけど」というので、世田谷にあるという事務所に飛んでいった。話は、また映画を撮ることになった。作品は車谷長吉原作『赤目四十八瀧心中未遂』。ついては主演女優に超大物女優のT・Tを起用したいんだけど、僕が彼女のプロダクションの社長と知り合いなので、話をつないでくれということだった。

話をうけて、すぐに段取りした。恵比寿の駅前で荒戸サンと待ち合わせして、プロダクションに行き、社長にT・Tの出演をたのんだが、結局、実現しなかった。主演女優は寺島しのぶに決まった。

低予算でつくられた荒戸源次郎監督『赤目四十八瀧心中未遂』は2003年10月25日、中野と横浜の2館の小劇場で細々と公開された。

映画パンフに、荒戸サンのアイサツがのっていた。


……とうに五十を過ぎても不良と呼ばれている我が身を恥入るのみです。ご迷惑をかけた皆さま。――私は『赤目四十八瀧心中未遂』の映画化に賭けて、悪行を棚に上げました。この映画をつくったことが私のお詫びです。どうぞお許し下さい。『ツィゴイネルワイゼン』も『どついたるねん』も過去の映画は忘れました。未来の映画は考えておりません。どこからきたとしても、どこへいくにしても、現在の映画でしか私たちは存在しないのですから。


不思議な調子のアイサツだ。

結局、この映画はじわじわとウワサになり、上映映画館は拡大していって、ついに全国上映に至り、さらに、数え切れないほどの賞もかっさらい、14カ月のロングランになった。

映画館での最終上映は、新宿高島屋のシアターだった。舞台アイサツに、大楠道代サンも立ち、こういっていた。

「大阪での初日、雨も降って、舞台アイサツに立ったわたしたちより、客が少ないっていう入りだった。でも、そのとき荒戸サンは、賞のシーズンになったら、これが一番の話題作になってるといって、ホントにその通りになった」

その日、シアターは業界の大物プロデューサーたちが席を埋めていた。

見事な復活だ。

パンフのアイサツ文にある「悪行」が何なのか、気になるところだが、荒戸サンほど世の習いをなめ切って生きてる人間もいない、というのが昔からの荒戸サンの人間像だ。

私生活においては、屋敷道楽がある。聞くところによれば、1969年の荻窪時代は、大正中期に建てられた洋館。部屋数5つ。次に大森に移り、ここは仏領事が住んでいたという豪邸。部屋数知れず。

次に国立《くにたち》のパンナムのパイロットが住んでいたハウス。部屋数10。次が世田谷若林の4階建てビル丸ごと。1階がオフィス、2階から4階が住居。次に国立にもどり、今度は600坪の邸宅。林もあった。母屋と離れがあり、風呂は3つ。こんな具合にまだまだ豪邸めぐりは続き、最後は鎌倉にあったカネボウ創始者の別宅。庭にヒメジオンが咲き乱れていた。荒戸サンは鎌倉時代には釣り舟を1艇買ってしまった。

この鎌倉時代の優雅な暮らしの中から、内田百閒の『東京日記』原作、田中陽造脚本、鈴木清順監督の傑作『ツィゴイネルワイゼン』が生まれた。この年、'80年から荒戸サンは映画プロデューサーになったが、翌年に鈴木清順の『陽炎座』、さらに清順『夢二』、阪本順治『どついたるねん』らを制作。その後は、内田春菊原作で『ファーザーファッカー』を監督している。この後、消息不明になってしまった。追われてるんだ、というウワサも流れた。

いつからか、荒戸サンとは芸者遊びをするくらい親しくなった。あるとき、

「実は、俺、荒戸サンとはかなり昔に会ってるんです」

というと、「いつ?」と聞かれて、僕は答えた。

「四谷の〈天像儀館〉の公演を観に行ったんです。あれは何年でした?」

「あの頃、観たっていうのはすごいね。劇団結成したときだから、'72年だよ。よく観に

来たね」

その頃、荒戸サンは〈天像儀館〉という奇妙奇天烈な劇団を主宰していた。だいたいその頃というと、小劇団はテントか地下室で芝居をやっていて、文字通りアングラという感じだった。

ところが荒戸サンの〈天像儀館〉は銀色の、円盤みたいなエアドーム型の移動劇場を持っていた。そのドーム型シアターを四谷のビルの屋上にぶっ建てて公演しているときに観に行ったのだ。芝居は前衛サーカスのようだった。しかし、あの時代にドームというのは実に奇怪千万。

「空から降ってきたっていうイメージが気に入ってたんだ」

結局、このドームは〝映画に映画館がついている〟というコンセプトで、鈴木清順の映画を上映するときにも使われ、それは『シネマ・プラセット』と呼ばれ話題を呼び、企業が貸してくれ貸してくれとうるさく申し込んできたそうだが、一度も貸したことがなかったそうだ。

あのドームは、バックミンスター・フラーのドーム原理を応用してつくったのだろうが、あまりに先取りしていた。東京ドームができたのは'80年代の終わり頃ではないか。

いつか、荒戸サンのドームは先駆的だったですよねというと、荒戸サンはたまげるような告白をした。

「僕は若い頃、実は建築の勉強をしてたんだ」

屋敷道楽も、そこからきてたのか。

最近、荒戸サンのことで〝いい話〟を聞いた。友人のKから若いカメラマンの江森(康之)クンを紹介された。すでに『週刊文春』で〝美女図鑑〟も撮っているホープだ。あるとき、知り合いの映画監督が、そば屋にいるっていうので江森クンは出かけて行った。そこに荒戸サンがいたので、写真を見てもらった。数日後、荒戸サンから江森クンに電話が入り、お茶でも飲もうという。ちょくちょく会うようになって、茶や酒で雑談。1年近くたって、荒戸サンから仕事の話がきた。『赤目四十八瀧心中未遂』のスチール撮影だった。その仕事が、荒戸サンの仲立ちで、1冊の写真集になり、江森クンはデビューを飾った、というエピソードだが、すごい人だなと改めて敬服した。

画家

下田昌克

――何かになりたいとは思わなかった。何かをつくりたかっただけだ。

書店ではじめて下田昌克の作品集『PRIVATE WORLD』を見たとき、脳がしびれるような興奮におそわれた。それは一種の電撃だった。わけもなく、こいつは変だ、やばいと思った。直感だった。

惜し気もなく、アートをプレイしている。

ギターをかき鳴らすように絵を描いている。絵のほとんどはアジア人の顔、チベットの坊さんが多い。いままで眼にしたことのない絵のスタイルで顔を描きまくり、本の中からアジアの路上の騒めき《ビート》、匂いが一気に噴出してきたのだ。

下田昌克、はじめて知る名前、いったい何者なんだ!?

それからちょうど1年後——。

小さなスケッチ・ブックに描きためていたプレスリーの絵の展覧会を西麻布のレストラン&ギャラリーで、僕は開いていた。その頃、プレスリーにはまり、キンゴ・オブ・ロックンロールの絵を描くのが面白くて面白くてしょうがなかった。

1カ月の個展。ある夜、レストラン&ギャラリーのオーナーが、友人と和《なご》んでいた僕のテーブルに、ひとりの坊主アタマのチベット人風の客と一緒にやってきて、「森永クン、彼、下田クンていうアーティスト」と紹介してくれた。

それが下田クンとの出会いだった。そのときはアイサツだけに終わった。

それからしばらく経ったある夜のこと、一緒に飲んでいたアート・ディレクターの親玉が、今夜、六本木のバーで下田昌克が来店した客を、その場で絵に描いているから行ってみようと、そこに流れた。僕も彼に顔を描いてもらい、閉店後、僕の自宅で2時間ほどいろんな話をした。

僕はいかに『PRIVATE WORLD』にショックをうけたか、いったいどんな人間なのか興味があったことを彼に伝えた。

下田昌克、１９６７年、兵庫県生まれ。


なんとも愉快な放浪物語を聞いた。

それは、やっぱりプライベート・ワールドとしかいいようのない物語だった。

では、ＰＬＡＹＢＡＣＫ……


「絵描くのは好きだったんですけど、僕、バカだったんですよ。ずっと能なしだって思ってた。高校は明石の県立高校、そこ美術系の学校です。僕が入学の年にできて、学科試験なかったんで入学できたっていう、ヘッヘッ。

同級生は美大目指してる人ばっかりだから、もうみんな絵がうまい。僕なんか全然ダメ。学校になじめないから街で遊んでばっかしいました。

高校卒業してすぐに上京したんです。なんとなく、何かつくっていきたいって思ってはいて、桑沢デザインに入ったんですね。専攻はデザイン、グラフィック。それも、僕、絵が下手で、才能ないって思ってたから、デザインなら、もしかして仕事できるかもって、甘い考え、ヘッヘッ。

ホント、自分が社会に出て一人前に何かできるなんて思ってなかった。自分が他人より優れてるとか、他人より前に出るとか、一度も思ったことがなかったし、人からほめられたこともなかった。

だから先のことなんか考えらんない。劣等感ですかネー。なんなんでしょう。ただ、何かつくりたくてしょうがなかった。

絵ですか？　描いてなかったですね。学校で描くぐらいで。それもあからさまに先生から『才能ないなー』っていわれてばかり。

僕のまわりはみんなギラギラ燃えてました。僕はそんなまわりの人たち見て、あー、なんで僕は何もできないんだろうって悩んでるだけ」

——でもさ、下田クン、何かひとつぐらいは心にひっかかることってあったでしょ？

「そうですね。クワサワの先生に朝倉摂さんがいたんですね。舞台美術のアーティストですね。それで、講義でいろいろ話聞いてるうちに、舞台の仕事って面白そうだなーって思うようになって。で、ちょうどバブルの時代だったんで、外国からオペラいっぱい来てたじゃないですか。それ、観に行くようになって。

まわりにはいませんでした。チケット高いですからね。だからバイト、なんでもやりました。水商売、肉体労働、ビルの清掃……それでお金つくって、チケット買ってはオペラ観に行ってたんですね。

そのうち、舞台美術の仕事やりたくなって、バイトで劇団の裏方やったんですね。だけど、もう外国のオペラにかぶれてましたから、何で日本の舞台はこんなにビンボーなんだ、これはちょっとちがうぞ、もっとカッコいいのやりたいって、すぐやめました。

それで今度は歌舞伎の裏方の世界に行ってみた。それも中に入ってみたら、職人の世界で、それはそれですごいんですけど、僕は職人になりたいわけでもないぞって、やっぱりすぐにやめました。

クワサワ卒業して、21歳でデザイン事務所に入ったんですね。そこも1年でクビになって。他のデザイン事務所で働いても、1年でクビ。ひどいときなんか、1カ月もたない。クビになったり、自分からやめたり。

何やっても、そこが自分の居場所じゃないなーって気がしちゃって、好き嫌いじゃなくてですね、「ここにいちゃいけない」って気持ちになっちゃう。理由、わかんないんです。何やっても長続きしない。

自分の核に何もないなーって悩みながら、25歳になっちゃって。このままずるずるやってるより、1回仕事休もう、働くのやめようと思って。そしたら自転車で旅に出たくなったんですね。自分のアパートの部屋、友だちにまた貸しして、1カ月いなくなりますーって、自転車にテント積んで旅に出た。

歩くより遅いペースですよ。もうブラブラ、ブラブラ、まずは長野目指して、そのあと日本海行って能登半島まわって、1カ月の予定が2カ月、3カ月。よっぽど僕ビンボーに見えたんでしょうね、行く先々で会った人が家に泊めてくれるんですね、食事もさせてくれる。で、お礼に野良仕事手伝ったり、道路工事の仕事やったり、お金もらったりして。そんな生活も面白くなってきた。

それで1回神戸の実家に帰って、そこでバイトして、その後また自転車で今度は屋久島目指して旅に出たんですね。また同じ。人の家に泊めてもらって、何か仕事してっていう旅を続けてるうちに、半年で100万円貯まってた。別にお金貯めよーなんて思ってなかったんですけど。

それで、遊ぼうと思って、100万持って上海に行ったんですね。はじめての海外旅行でした」

下田クンの思いもよらぬ大放浪がはじまった。自転車旅行は、その序章。彼は神戸の港から上海行きの旅客船に乗る。

それが1994年、26歳のとき。

「神戸から上海に行く船が鑑真丸っていうんです。子どもの頃から、その船に乗ってみたいと思ってた。憧れですかネェ。上海に行きたかったわけではないんです。ただ船の名前がカッコいいんで、一度乗ってみたかっただけです」

船賃はおよそ3万円。45時間の航海。東シナ海から泥色の長江に入り、上海に近づいてゆく船上で、下田クンは解放感と同時にちょっとパニックにもおそわれる。

「怖くて怖くて。波止場にものすごい数の中国人がウワーッといるじゃないですか。それ見た途端、あー、下りたくないなーって思っちゃって」

上陸。ホテルも予約してない。乗客たちは下船すると眼の前のホテルに流れてゆく。なりゆきまかせで、その後ついてホテルにチェック・イン。部屋に案内されて、そこがドミトリーだと判明、ガッカリする。

というのも、下田クンは上海で豪勢に散財するつもりだった。1泊2、3万の高級ホテルに泊まり、高級レストランで北京ダックを食いまくり、香港に行って、さらにグルメに溺れて1週間で100万費《つか》い切る――の予定が最初から狂って、ホテルは1泊数百円。それでも食事は贅沢《ぜいたく》していたが、3日で飽きた。

何か、物足りなさを感じる。

絵を描くこともあるだろうと、スケッチブック数冊に30色の色エンピツを持ってきていた。それを持って街に出る。

上海の街角、道に迷って地図を広げていると、同年齢ぐらいの中国人男性が親切にも下田クンを道案内してくれた。その親切な若者をお茶に誘い、30分、面と向かって顔を描いたのが、その旅の最初の絵、作品集12頁の〝ワー・ショー・ミンさん〟。

今度は、街角でスケッチブックを広げ、風景を描いていると、

——いつのまにかたくさんの人が僕のまわりを取り囲んでいた。絵を描く僕の側に座って、邪魔なくらい顔を寄せて覗いてくる人がいたので、なんの気なしにその人の顔を描き始めた。描き終わって、できたよと絵を見せると、集まっていた人たちから拍手が起こった。——『PRIVATE WORLD』より

生まれてはじめて下田クンは人から拍手された。絵がウケた。グルメよりもこっちの

方が面白そうだ。旅を続けてみたくなる。
「そしたら泊まってたホテルで、バックパッカーから、夏河が面白いよって聞いたんですね。夏河って地名、カッコいいと思って、行こうと。上海からまず蘭州に飛行機で飛んで、そこからバスで7時間、大草原です。行ってみてわかったのは、夏河はチベット文化圏だったんですね。みんな民族衣裳着て馬に乗ってたり、〝西部劇〟の世界だったんですよ。

最初は、こんなところに来るはずじゃなかったよなーって、とまどうばかりです。だけど、ごはんはおいしいし、チベットの人はカッコいい。チベットのお寺もカッコいい。いま思うとラサよりもチベットらしい文化が残ってた。もう絵描きまくって、なんかすごく居心地がいい。

それで、もうラサに行ってみようって、ボロボロのバスで峠越えて30時間、行きました。絵は、ずっと描いていて、ラサでスケッチブックがなくなっちゃいました。で、お店に行って、お店の人の顔を描いたら、ただで大量に紙くれたんですね。また絵を描き続けられると思って、ラサからネパールに行って、それからインドに行ってひとまわりして、ヨーロッパに飛んで、結局2年、途中1回も日本に帰りませんでした。1週間のグルメ・ツアーの予定が708日、2年ですよ。

旅そのものも楽しかったけど、やっぱり絵を描くことが楽しかった。居心地がよかったんですよ。

だって、旅してると、何もしてないわけじゃないですか、東京の生活とちがって。何もしてないから、何かつくってる。それをいままで知らなかった。子どもの頃のこと思い出しましたね。ひとりで何もしないでいるときって、絵描いてたり、絵に夢中になってると食べるのを忘れてたり、旅してるときもそんな感じですね。

あと、東京にいると、どういう風に人と接したらいいのかわかんなかった。それが、なんかこう絵を描くことで、人と面と向かって接することができて、それが楽しかったですね、心のつながりみたいな。

なんなんですかネェ、僕、絵描きになりたいとか、イラストレーターになりたいとかないんですよ。ただ、絵を描いて、人とつながっていけたら一番、それが居心地がいいなっていうだけで。

旅も、人によっては、自分探しみたいになるんでしょうけど、いまでも僕そうですけど、自分なんてまったく興味なかったですからネェ。絵描いてると居心地いいっていうだけで、その絵も、別に自分を表現したいとかないんですよ。

まあ、僕になんかあるとしたら、うまくはないかもしれないけど、その場で、僕はすぐに描けるよってことですかネェ」

1週間のつもりが2年に及んだ放浪をスペインで終え、下田クンは東京に戻った。以前より気持ちが楽になっていた。東京もまた放浪の延長。旅で描きためた絵が東京でもウケて、仕事につながっていった。絵が生活の中心、核になった。

この間、用事があって下田クンに電話をかけたが、1カ月音信不通。メキシコに行ってたそうだ。現地ではプロレスラーに会ってたというので、

「絵、描いてたの?」

と聞くと、彼は答えた。

「いつもそうですけど、遊んでると同時に描いてるんですけど」

下田昌克は、何かになりたいとは思わなかった。

下田昌克は、何かをつくりたかっただけだ。

ファッション誌『DUNE』編集長

林 文浩

こいつらすごいって勘がはたらいて、
すぐに行動をともにした。
そのタイミングなんですよ。

林クンは『DUNE』というファッション・マガジンをひとりで編集している。「行きたいところに行って、会いたい人に会って、それを記事にする。そのやり方をやり続けてるだけなんですけどね」と、もう12年奮闘している。

林クンはソフィア・コッポラの最新作『ロスト・イン・トランスレーション』に東京の顔役として出演している。ビル・マーレーと共演するシーンでは、カラオケ屋で得意のセックス・ピストルズ『ゴッド・セーブ・ザ・クィーン』を激唱。ソフィアの結婚式にも招待され、林クンはパーティーで、父親のフォード・コッポラ、ジョージ・ルーカス、ニコラス・ケイジ、トム・ウェイツら大物たちを前に『ゴッド・セーブ・ザ・クィーン』を披露している。

「もちろん、ソフィアの要望で、カラオケだったんですけどね。8年ぐらい前、ソフィアがまだ有名じゃない頃、彼女とよく東京でどんちゃん騒ぎしてたんですね。で、必ずカラオケに行って、俺、『ゴッド・セーブ・ザ・クィーン』歌ってた。それが彼女にとって強烈な東京体験みたかったらしくて、その頃、よくいってたんです。自分の夢は、俺が渋谷のカラオケで『ゴッド・セーブ・ザ・クィーン』歌ってるのを映画に撮りたいって。俺はウソだろって聞き流してたんですけど、実際映画になっちゃった。映画の中でも、どんちゃん騒ぎやってたんですけどね。その映画、4億の制作費で撮って、俺は当たんないだろうって思ってたら、配収140億。すごい幸せな結果ですね」

林クンと会うのは、青山3丁目の薬膳ラーメン屋〈日月譚〉がいいなと思った。盛夏、夕方から名物の水餃子を肴にビールでも飲みながら、彼の時空を股にかけた冒険譚を聞いてみよう。だけど約束の日、5時に〈日月譚〉に行くと扉は閉まってた。じゃあと数軒先のビルの最上階、ふたりがなじみのバーに河岸を変えた。エレベーターで上がって扉が開くと、いきなり店内。まだ営業前で、スタッフがミーティングしてるのもおかまいなし、我々は勝手にテーブル席を陣取る。昨日飲みすぎて二日酔いなんですよと林クンはいうけど、飲もうよ、飲もうよとビールふたつまず運んでもらう。で、たっぷり2時間。長いつきあいになるけど、顔を合わすのは決まって酒場、ときにどんちゃん騒ぎ。その日みたくふたりだけで面と向かって話をしたのははじめて。話が終わったとき、僕は酒の酔いもあっただろうけど、〝いやー、面白かった〟と気分が高揚していた。

その気分のままに家に戻り、すぐに倉庫に眠っている山田風太郎の『婆沙羅』を見つけ出し、部屋で頁をめくった。バサラ、バサラ、……佐々木道誉……立川真言流……北畠大納言……何度か読んでいるのに、はじめて読むような胸のときめき。

時代は中世の動乱期、怪奇に満ちた南北朝。

婆沙羅とは、このごろ出てきた流行語で、語源は仏語の由だが、当時の世相では、物狂いにちかいほど綺羅をかざった服装や風俗をいった。（中略）流行のはじめはともかく、婆沙羅は、いまはただ服装のみをいうのではない。その行動も放埒狼籍をきわめ……『婆沙羅』（講談社文庫）

「その時代は日本史史上最も怪しいカオスなわけですよ。秩序が崩壊し、高貴なる者が下に堕ち、下の者が権力者になる。善と悪もあいまいになり、たちまち逆転する。聖と俗も入り乱れる。相反するものが共存、共生し、調和をはかろうとしてくずれたり、そういう時代だから佐々木道誉のような婆沙羅大名も登場した。俺はそこに自分のルーツがあると思うし、現代の婆沙羅を雑誌や本で紹介してきたようなもんですね」

どうやら林クンは、この婆沙羅が流行し世を撹乱させた1300年代から、700余年の時空を超えて、現代にあらわれた野生児のようなのである。

林クンは三重県の「川の水が飲めちゃう」ような田舎に生まれ育った。子どもの頃、石を集め、昆虫を採集し、興味を抱いたものにはまりやすい凝り性だった。10歳で歴史にはまった。先祖は、乱痴気パーティーをくりひろげながら倒幕をはかった南朝、後醍醐天皇の側近、北畠具行大納言。あまりに身近に中世史があった。自然、興味を抱く。近所の寺の坊さんや村の長老を訪ねて昔話を聞いた。ひとり電車に乗って、奈良や京都に歴史探訪に出かけた。平家の系図を自分でつくり、仏像のランキング表もこしらえた。学校の先生よりも歴史に通じる少年であった。

調べたことは、「自分なりの形にまとめあげないと気がすまない」少年であった。それはもう取材・編集の仕事と同じだ。でも、そのとき林クンにとっては「冒険ですよ。イマジネーションの世界で冒険していくっていう」。

中学で県庁所在地に出た。外の世界へと旅がはじまった。中学2年のとき、パンクの衝撃にやられた。物狂いの最初の一矢に心臓は射抜かれた。林クンはパンク少年になる。名古屋、大阪のレコード屋をまわって、パンクのレコードを買い漁った。高校でパンク・バンドを結成。担当はヴォーカル。セックス・ピストルズ、ダムド、ジョニー・サンダースを激唱する。

「青臭いんですけど、パンク的な考え方にものすごく影響された。それはDO・IT・YOURSELFだったり、権力への反抗とか、はまってしまったんですね」

逸《はや》る気持ちを抱えて、上京。青山学院の史学科に入学。とき、1980年代前半、まだ雑誌文化は黄金時代。コピーライターが流行を仕掛け、ファッションはDCブランド旋風下、映像文化もTVコマーシャル、MTVで華開く、いわゆる〝業界〟全盛期の時代。

「見るものすべて、俺の知らなかった世界じゃないですか。その時代の雑誌はすごかった。特に『BRUTUS』、アフリカ、南米、中国とかの海外取材やっていて、俺にとっては冒険ですよ。もうワクワクした。外国に気持ちが持っていかれて、雑誌はいままでいうところのメディアじゃなくて、未知なる世界に連れていってくれるツールに思えた。イマジネーションを広げてくれ、これこそ俺の天職だってはまってしまったんですね」

在学中すぐに雑誌のバイトをはじめる。ちっちゃな出版社のファッション誌。マガジンハウスの入社試験をうけたが落ちた。大半はどこも門前払い。大学を卒業し、バイトでもいいから雑誌の仕事を続けていこうと思った。最初のファッション誌は2年で廃刊。いくつかの出版社にファッション誌創刊の企画を持ち込むうちに、幸運にも通貫。

「ものすごい意気込みでしたね。とにかく東京のオリジナルで、海外でも相手にしてもらえるファッション誌をつくろうって。そしたら本物じゃなきゃいけない。モデルも本物、カメラマンも本物。で、自分が会いたいと思った人に会うって」

パリ、ロンドンにひんぱんにロケで出陣。ナオミ・キャンベルをモデルに撮影もしている。やりたい放題だったと林クンはいう。バブルの時代であったのだ。ファッションは他のブランドとの差別化をイマジネーションに求め、雑誌は競い合ってそれに応えていた。金のかかる海外ロケがブームだった。凝り性の林クンも海外ロケにのめり込んでゆく。

だけど、雑誌は売れない。出版社は手を引いてしまう。バブルの時代も終わり、もう〝業界〟の華やかさも、メディアの奔放さも消え失せてゆく。オリジナリティ、クリエイティヴィティよりも、マネでも売れるものという考え方が出版界にはびこってゆく。

そんな状況の中で、林クンたちはインディペンデントでファッション誌を続けてゆく。ここで誌名が『DUNE』となる。SF映画『DUNE』からいただいた。『時計仕掛けのオレンジ』と並ぶ、林クンが好きな映画だった。

『DUNE』は1号目で大失敗する。林クンは副編集長。編集長も他のふたりのスタッフも1号でやめてしまった。

「そこで、俺、何をとち狂ったか、じゃあ自分ひとりでやってやろうってはじめたんです。そのとき、28か29ですよ。数千万円の借金抱えて、すごく大変な身の上なんですけど、不思議と苦しくはない。ひとりでつくってるから、雑誌が自分のすべて、人生そのもの。売ろうなんて考えないで、自分が行きたいところに行って、会いたい人に会って、それを雑誌にする。それでやり続けていたら、あるとき借金返済してた。大変だったけど、苦しかった記憶はないですね」

『DUNE』はアメリカに目を向けた。林クンはロスに旅に出る。そこで会ったのが、Xジェネレーションと呼ばれる若者たち。そのひとりにソフィア・コッポラがいた。

「いまは子どもだけど、こいつら新しい、何かしでかすって勘がはたらいた。それは見ただけでわかりますね。Xジェネレーションの連中は世界を変えると思った。で、どんな連中なのか調べたら、全部お父さんがヒッピー世代。ドノバンとか。要するに'60年代、'70年代にやりたい放題やってた、その娘たちだってわかった。しかもスケボーとグラフィティーというストリート・カルチャーとも深くつながっている。ソフィアはその中でも一番光ってた。すぐにファッションの撮影をたのんだんですね。そこからつきあいがはじまった。彼女の世界に入っていくと、ビーシティ・ボーイズはいるし、スパイク・ジョーンズもいた。『ガンモ』でデビューしたハーモニー・コリンズにも会って、よく家に遊びに行った。まだアル中だったマーク・ゴンザレスにも会ったし、マイク・ミルズとも知り合った。ニューヨークに行って、イースト・ヴィレッヂのぼろアパートに住んでたテリー・リチャードソンにも会った。

結局、まだみんな無名だったんだけど、誰にも強烈なオリジナリティを直感した。だから、日本に紹介しようと思って、自分の雑誌使ったり、展覧会やったり、映像つくったり、やれるだけのことはすべてやりましたね。

こいつらすごいって勘がはたらいて、すぐに行動をともにした。そのタイミングなんですよ。タイミングずれたら終わりじゃないですか。モンディーノっていう映像作家がいて、彼がいったコトバで、〝その場所にいるのも才能だ〟っていう。PUNKが登場する直前のロンドン、HIPHOPがアンダーグラウンドの頃のニューヨーク、クリエイターの才能はそこにいることだっていう、モンディーノのそのコトバをすごく気に入ってる。だから、俺はあのとき、ソフィアたちとロスやニューヨークにいたからよかったわけで、それがこの仕事している人に一番大切な感覚かもしれない。まあ、そのときはわかんないんですけどね。

いまはもうソフィアはアカデミー賞の監督だし、ぼろアパート住んでたテリー・リチャードソンがグッチのキャンペーンやったり、みんな世界的レベルで成功しちゃって、俺だけ、そのまんまなんですけどね」

林クンはソフィアたちにとって、いままで会ったこともなかった〝東京の悪タレ天使〟にちがいない。雑誌づくりのセンスも、世界中の街の裏の裏にもハイ・ソサエティーにもぐり込んでく行動力も、カラオケで『ゴッド・セーブ・ザ・クィーン』を激唱する姿も、その存在のすべてがワクワクさせるような、婆沙羅ぶりを放っているにちがいない。

林クンは、逸る気持で故郷を出て、いったいどの辺まで旅をしたのだろう。少なくとも、２００４年世界で最も話題となった映画のひとつ『ロスト・イン・トランスレーション』は、その旅の「しあわせな結果」といえる。

林クンは友人のカメラマンと熊野の山中に一緒に旅した。そこで、体の奥深いところからわき上がってくる懐しい感情に高揚した。

「血湧き肉躍る旅だったんですね。そこは俺が生まれ育った環境に近くて、あっ、これが自分のルーツだ、野性が俺のルーツで、そこから外の世界へ、文明の方に憧れて行ったんだってわかった」

プロデューサー

立川直樹——

僕は職業へのこだわりとかが、まるでないのね。何だかわからない怪しいやつ、たとえばボリス・ヴィアンみたいな生き方に憧れている。

ミックが仕事をしている姿をイメージすると、両極端の光景が脳裡に映し出される。

ひとつは、21世紀仕様を誇るインテリジェント・ビルの超高層階の大会議室。ミックはそこで勢揃いした企業のお偉方や若手を前に、世紀的プロジェクトの戦略・戦術を説いているプロデューサー。ブレイン・ストーミングの名手だ。

それに対する光景は、深夜、自宅の書斎。ひとりで黙々と机に向かって原稿を書いている。それも原稿用紙に鉛筆で手書き。内容は旅行記だ。五感に残響する旅の快楽を物語に再構築しようと夢中になっている。しあわせな孤独な時間を生きるミック……。

両極端のミックが存在する。

しかもこの両極の間に、まるでビートルズのホワイト・アルバムのように、これでもかこれでもかと変幻自在のミックを見ることになる。といっても、決して多重人格ではない。ミックの人格は、およそ35年の長いつき合いを通して知るかぎり、美しいまでにひとつだ。多重なのは、好奇心から広がりを描く仕事の面だ。プロデュース・ワークひとつとっても、国家的イベントから街おこし、江戸カルチャー、外国映画を含む映画音楽、ホテルのショー、前衛劇、出版、アート展、ＤＶＤ、ＣＤ、コンサート、パーティー……際限なく広がってゆく。

そして、ここでまたミックの場合は〝しかも〟なのだが、業界でナンバーワン級の多忙を極める仕事ぶりなのに、ミックの〝立川事務所〟は本人と秘書のＩ君のふたりだけ、他に誰もいない。

それはもう超人的な仕事師なのだが、

「僕は何かになろうなんて思ったことなんて一度もないんだよ」

と、30年前も、20年前も、10年前も、そしていまも一貫して、そういい続けている。

いまでこそタチカワナオキ・ドット・コムで過去・現在の仕事の全貌をうかがい知ることができるが、ミックは普段プライベートで会ったとき、自分から仕事の話はしないし、どこかの誰かさんのように自慢話なんていっさいしない。

だから、いったい何者なんだか正体をつかみかねる。私生活の話もいっさいしない。だから実に謎めき、別にそんなことどーでもいいんだといわんばかりに、どこからともなく現れて、どこかへ消えてゆく。

そんなミックは仕事に関しては超人だけど、トータルな人間としては怪人なんだろう。

それがミックの生き方なんだ。

この社会は、正体がハッキリしていた方が何かと生きやすい。ハッキリした職業、ハッキリした私生活、ハッキリした言動、ハッキリした身なり、ハッキリした将来の夢……子どもの頃、親からも教師からも、よくいわれた、ハッキリしなさいと。関係がこじれれば、女からも同じようにいわれる。何であれ、ハッキリしていた方がいい、それが社会のルールというやつだ。

しかし、本当に、そうなのだろうか？　少なくとも、ミックは昔から、そのルールに対し冷笑的ではあった。正体不明こそ、最も愛すべき生き方であると信じ、それを現実社会で巧みに実行してきた。

その生き方を、ミックはすでに10代のうちに自ら選択していた。

「僕は職業へのこだわりとかが、まるでないのね。何だかわからない怪しいやつ、たとえばボリス・ヴィアンみたいにね、そういう生き方に憧れているのね」

ボリス・ヴィアンとは1940～50年代のパリで最もカッコいいといわれた男で、黒人の偽名を使って、『墓に唾をかけろ』という問題作を作家として発表し喝采《かっさい》を浴びたかと思えば、技師、トランペット吹き、ジャズ評論家、レコード会社のディレクター、シャンソン歌手、作詞家、作曲家、オペラ及びバレエ台本作家、映画監督、脚本家、俳優、画家、美術評論家、イラストレーター、詩人……と多彩を極め、まったく新しく自由な生き方を示し、若者に支持された。

そのボリス・ヴィアンにミックは中学校3年で心酔していた。青春時代にボリス・ヴィアンにかぶれないやつなんて信用できないといったのは荒俣宏だが、その言からすれば、ミックは50代になっても青春のアナーキーさをキープしていることになる。

「一番影響受けたのは、ボリス・ヴィアンと、日本では寺山修司だろうな。彼らのやることなすことすべてが、子どもの頃の僕の関心の的だったんだよ」

ミックは'60年代末、東京都下の私立高校に通う高校生だった。多分、早熟だったのだろう。早や、やりたいことをいっぱい抱えていた。詩を書き、ロックバンドのベーシストをやり、そして、ファッション・デザイナー、グラフィック・デザイナー、ヘアデザイナーになるのも悪くはないと思っていた。

サイコロを振るようにミックがとりあえず選んだのは、音楽だった。高校を卒業すると、R&Bのバンドのベースプレイヤーとなり、米軍キャンプまわりなどをはじめた。

「その頃、身近に死を感じたよ。僕らの演奏するオーティス・レディング・ナンバーを聴いてエンジョイしていた黒人兵がさ、ベトナム行ったまま二度と戻って来なかったりね。子どもながらに感じていたよね、死の残酷さを」

その頃から、ミックは世界の現実の比較的中心に身を置くようになる。GS(グループ・サウンズ)ブームが巻き起こると芸能プロダクションの青田買いに引っかかり、GSバンドのメンバーとなる。突然、世界は〝日劇ウェスタン・カーニバル〟〝浅草国際劇場GS夢の競宴〟となり、女の子たちの嬌声の集中砲火を浴びる。まだ10代だ。

「結局、それも飽《あ》きちゃうんだよ。ブライアン・ジョーンズみたく、女の子にかこまれた華やかな生活もいいなとは思うんだけど、しばらくやると、どうってことないことに気づき、いやになっちゃう。そうすると、まったくちがうことをやりたくなるのね」

ミックの次の展開は、過激なバンドのプロデューサーとなった。それが〈頭脳警察〉

だった。日劇のステージで、メンバーのパンタが突然、ナニを見せてしまうというスキャンダルをミックが仕掛け、芸能界ばかりか一般社会にまで衝撃を与えた。かと思うと、「タイガースの田園コロシアムのコンサートで、僕が舞台美術を担当してさ。当時、珍しいじゃない、そういうことやるの。毎日新聞とかが取材に来て、何となくまた、表に出そうになったんだけどね」。

その仕事を続けようとはしない。同じことをくり返してやろうとはしない。やれば、金になり、その世界の大家《たいか》になれるのに……いつも、そうだった。

その後、20代前半には青山のナイト・クラブのマネージャー、連載を週に4本も抱える売れっ子ライター、プログレッシブ・ロック・バンドのプロデューサー、藤田敏八、曽根中生といった映画監督の作品の音楽監督、〈ピンク・フロイド〉や〈ポリス〉の伝記作家、細野晴臣の名著『地平線の階段』や、世紀の映画監督ルキノ・ヴィスコンティの家の写真集（カメラマンは篠山紀信）の出版プロデューサーと職域を広げていく。すべては順調だったわけではない。レコード会社の裏切りにあい、大きなプロジェクトが頓挫し、トコトン転落して心身が消耗しきったこともあった。

「失敗も考えようだよね。そのことによって、いままで知らなかったことを勉強できるじゃない。ビジネスの仕組み、人のいってることの裏とかさ、そう考えればね……でも、女は、また、あなたバカやってっていうけどさ。いわれれば、余計、バカやろうって気になっちゃうんだよ」

若い頃のミックは誰よりも物欲の虜《とりこ》になっていた。22歳でスカGとジャガーを持ち、ファッションも買いまくっていた。高価な毛皮のコートからブランド物、「死ぬほど買ってたよね」。それが、「20代の終わりかな、インドに行って、そのとき、まったく物欲がなくなっちゃったんだよ。僕は、家を買いたいとも、土地を持ちたいとも思わないしね。最後は、どこかの港町の小さなバーの老いたバーテン、そんな感じが好きなんだよ」。

ちなみに、僕がミックと出会ったのは1969年、東京。そのとき、僕は19歳、ミックは20歳。ふたり合わせて、まだ39歳。いまはふたりあわせて111歳にもなってしまったが、ブラザーの絆はこの東京や時々は一緒に旅して、何も変わらず続いている。それはちょっと誇りかもしれない。

最後に、とくに僕が好きなミックの仕事を3つあげておく。

ホウ・シャオシェン『悲情城市』、チャン・イーモウ『紅夢』の音楽監督。著書『セルジュ・ゲンズブールとの一週間』(リトルモア)。

ひとりでできることを
ずっとやってればいいんだよ。
会社とかつくんないでね。

アーティスト
田名網敬一

僕の師匠はタナさんだ。

と前作『ドロップアウトのえらいひと』のあとがきに書いた。

25歳、編集の仕事についたときに、そう決めた。その年、音楽雑誌の編集長となり、アートディレクターをタナさんにお願いした。それによって、どれだけタナさんから〝クリエイティブ〟の心得を仕事と遊びを通し学ばせてもらったか。

なのに、いつまでたっても、不肖《ふしょう》の弟子のままだ。

数年前も、ある仕事の不始末で師匠をカンカンに怒らせてしまった。よって出入り禁止。その禁も去年解いてもらったが。

タナさんとはじめてお会いしたのは、僕が20歳のときだ。その頃、10歳上の現代アーティストのY・S氏とふたりでオフィスを設立。1970年のことだ。写真展、実験映画とロックのライブ（バンドははっぴいえんど）、ファッション・ショーとロックのライブ（バンドはサディスティック・ミカ・バンド）、職人のつくったモノのバザールら様々なイベントを企画・制作していた。その仕事で、Y・S氏と親しかったタナさんに、〝サイケデリック紙芝居〟なるものをお願いに行ったのが、最初の出会いとなった。

その出会いは、僕にとっては、大きな意味を持っていた。

というのも、その3年前のこと。

僕はまだ都下の高校生だ。ある日、大判のグラフ雑誌をめくっていたら、〝ポスター・アーティスト〟という特集が組まれていた。それにタナさんが紹介されていた。仕事部屋のカベには隙間なくポスターがはられ、その中に、マントを羽織ったタナさんがマッド・サイエンティストのように立っていた。カベのポスターもマントもすべてタナさんのサイケデリック・アートのプリント。

その強烈な視覚的異界に、衝撃をうけた。

前作の『ドロップアウトのえらいひと』では、聴覚的衝撃はやはり17歳のとき、ジュークボックスで聴いたローリング・ストーンズ『黒くぬれ！』と告白した。

視覚的衝撃はタナさんのサイケデリック・ライフだった。子どもながらに、タナさんの〝いる〟世界は大銀河系のような、幻の秘境の密林や砂漠のような、そのミステリアスさに惹かれ、無意識のうちに、〝タナさんワールド〟へと冒険の旅に出たのだ。学校をやめ、家出をし…。

それが17歳の冬。19歳のとき、新宿のロック喫茶〈ソウルイート〉で、Y・S氏に一緒にオフィスをつくろうと声をかけられた。そこで、僕は時々、ロック・フィルムのコンサートをやらせてもらっていた。Y・S氏はそれを見て、声をかけてきたようだった。

タナさんとの出会いは、あっという間だった。雑誌を通しての衝撃から3年目のことだった。その頃、タナさんは実験映画の制作に没頭していた。

アーティストとして国際的な評価はすでに得ていた。’66年に、ブルーノ国際グラフィック・ビエンナーレ展で特別賞受賞。’68年にはアメリカのＡＶＡＮＴ・ＧＡＲＤＥ誌主催の反戦ポスター・コンテスト入賞、ＡＣＣ-ＣＭフェスティバルでアニメーション技術賞受賞、’70年にはアメリカのＣＦフェスティバルで最優秀グラフィック賞受賞……。

商業路線でやっていこうとすれば、成功は約束されていたはずなのに、タナさんは自己資金で一銭の金にもならない実験映画づくりにのめり込んでいた。

それも実に精力的に、'71年には10本の作品を制作。映画制作の他にも、作品としてのシルクスクリーンによるパーソナルポスター制作も続けていた。

僕は、タナさんのそばにいたいと思った。一緒に仕事をしたい。作品をもっともっと見たい。20代に、その望みは叶った。

タナさんとの仕事で、音楽雑誌にはじめて大胆にグラフィック・デザインのセンスを取り入れ、多くのクリエイターをデビューさせた。コンサート・パンフレットのクオリティーを変革し、セールスを10倍にもした。写真集も変えた。20代の終わりには、タナさんの実験映画の単行本『人工の楽園』を編集させてもらった。

'70年代に一緒にやらせてもらった仕事は、そのどれもが現在、若い世代を驚かせ、神田の古本屋で高値がついている。『人工の楽園』も若い映像派クリエイターたちのバイブルとなっているそうだ。

現在、タナさんは69歳。

少しも老いていない。

〈ギャラリー360°〉での'60年代展が引き金となり、サイケデリックな〝タナアミ・

ワールド〟は全世界で再評価。ロンドンのファッション・デザイナーに盗用され、その裁判沙汰は社会的スキャンダルに。〈マリークァント〉ロンドンとのコラボレート。ハリウッドからの仕事の依頼。続々と刊行される作品集。本屋にはタナアミ・コーナー。続々と発売されるアニメのＤＶＤ。企業とのコラボレートによるフィギア、家具製作。原宿・青山のショップとのコラボレートによるＴシャツ製作。宇川直宏とのコラボレートによる〈ディスコ・ユニヴァーシティ〉ではＤＪさえつとめた。

去年は、東京での国際的なデザインの催し〝ＴＯＢ〟で師匠の御指名で、トークショーをやらせてもらった。トーク終了後、30代のヒップな女3人、舞踊家、ファッション・デザイナー、クラブ・マネージャーたちと近くのＤＪクラブに流れ、深夜2時まで遊んだ。

師匠、70歳直前、街でばりばりに元気である。

「森永クンね、ひとりでできることをずっとやってればいいんだよ。会社とかつくんないでね」

と、師匠はいうのだった。

実際、タナさんは、その通りに、１９６2年から生きている。

’60年、タナさんは武蔵野美術大学デザイン科を卒業。広告代理店の制作部に入社するも、早や実験映画制作に意欲が向かう。それもアニメーションだ。自主制作するための資金がいる。代理店の給料は3万円。とてもまかなえそうにない。社外バイトのグラフィック・デザイン、イラストレーションの仕事が増えていった。そっちの方が金になる。1年勤めて、会社をやめた。

金を貯めて、’64年、処女作のアニメーション制作。6分間の作品で70万円かかった。でも、プライベート・フィルムの制作に病みつきになる。資金をつくるために猛烈に働いた。イラストレーションを月産800枚などというときもあった。稼いだ金はプライベート・フィルム、パーソナル・ポスターの作品づくりにつぎ込んだ。〝サイケデリック〟に触発され、ニューヨークやロンドンに行き、幻覚芸術やアートロックの洗礼をうけた。作品はサイケ色が強くなっていった。

その一方で、フリーランスでの仕事ではTVコマーシャル・フィルムも演出。国際的な賞を受賞。’75年には、日本版『PLAYBOY』の初代アートディレクターに就任。

タナさんは、どんなに仕事や作品づくりが忙しいときでも、他のデザイナーたちのようにデザイン事務所をかまえることがなかった。アシスタントの女の子ひとりで、雑誌や単行本、ポスターをデザインし、イラストレーションを描いていた。
そして、作品づくりも続けていた。
一番仕事が多忙の'78年、アーティストとしての活動は全世界レベルに達した。

〈日本の実験映画〉(ニューヨーク近代美術館)に出品。
カナダ・ケベック国際批評家映画祭に出品。
チェコスロバキア・第8回ブルーノ国際グラフィック・ビエンナーレ展に出品。
第7回ワルシャワ国際ポスター・ビエンナーレ展に出品。
コロラド国際招待ポスター展に出品。
東ドイツ・ロストック国際招待ポスター展に出品。

この国際的な活動は、以後とどまるところを知らず、21世紀に入ってからも、

広島国際アニメーションフェスティバルに出品。
バンクーバー国際映画祭に出品。

オランダ国際アニメーション映画祭で招待上映。
ロッテルダム国際映画祭で招待上映。
ロンドン国際映画祭で招待上映。
ナッシュビル・インディペンデント国際映画祭で招待上映と続き、２００５年には、
すでに、
ニューヨークの〈トランスプラント・ギャラリー〉でペインティングの個展。
香港の〈ＩＤＮギャラリー〉で個展。
ノルウェー国際映画祭で、「田名網敬一の映画」と「グラフィック１００展」の同時
開催が決定している。

いまもタナさんのアトリエに電話すると、タナさん本人が電話に出る。
何も、タナさんは変わっていない。
ひとりでできることだけをやっているから。

あとがき

教壇に立つはずだった男が、ヒョンなことで、北斎のように街中でドクロマークをデザインしている。

プロ・ボクサーを目指した男は、1枚のチラシがきっかけで、闘いながら撮る写真家になった。

家業の米屋を継ぐはずだった男は、異端のアーティストとの出会いによって、絵を描いて暮らすようになった。

店づくりと出版でカリスマになった男は、すべてを捨てて彼女と世界旅行に出てしまった。そして帰国し、島を目指した。

瀬戸内海の釣り人だった男は、沖縄で仲間をつくり、東京、世界に飛び出した。

何もかも外れていた男は、5年ぶりにトランペットを手にした瞬間、シーンの最先端に立った。

地の果てで絶命しかかった男は、祖国に生還し、誰よりも街の片隅に安らぎを見出すようになった。

地方都市のワルガキだった男は、ロックを愛するあまり、大きな体制の中でケンカするようになった。

レコード会社の名物A&Rマンだった男は、17歳のときの衝撃を思い出し、会社をやめてインディ・レーベルを設立した。

老舗の仕立て屋の番頭だった男は、ヤクザな客にうんざりし、ヒップでモダンなテーラー派になった。

画家の道をあきらめてバーのマスターになった男は、10年ごとに悟りを開き、いつしか絵も描くマスターになっていた。

人権派弁護士を父に持った男は、ビジネス・ロイヤーの道に進まず、街頭闘争に参加した。

バブルの時代にバーテンになった男は、客と接するうちに、コンセプトより心を大事にする店をつくるようになった。

音楽業界のスターになった男は、武道館公演の3日後、地元ダウンタウンのパブに帰っていった。

コンピューター・グラフィックの先駆者だった男は、工作の愉しみを忘れずに、世界ではじめての彫刻作品をつくった。

3歳のとき酒の味をしめた男は、1軒のバーとの出会いがきっかけで、服屋をやめてバーテンになった。

28歳で数千万円の借金を抱えた男は、自力で雑誌を出し続け、世界中のトップ・アーティストのダチになった。

何の夢も希望もない炉端焼き屋やカラオケ・スナックの店員だった男は、エルヴィス・プレスリーのロックンロールと出会い、やがて世界ナンバーワンのエルヴィス・シンガーになった。

'60年代、新宿〈風月堂〉のフーテンのひとりだった男は、個人事務所に絵を飾るところからはじめて、世界的に知られるギャラリーのオーナーになった。

大学生のときにTVの仕事をはじめた男は、ヒット番組を生みだしながらも、業界で名を売るような生き方はしなかった。

19歳で月に3600万円稼いだ男は、そのファッション・ビジネスの成功は追わず、商品開発で自己表現するようになった。

世界を旅することから人生をはじめた男は、魂に響いてくる世界を、東京の街の片隅につくり出した。

島に生まれ育った男は、サーフィンを通し、グローバルでスピリチュアルな生き方を確立した。

学校を飛び出しカメラを手にした男は、サーフィン雑誌の波の写真に感動し、やがてサーフィン・フォトグラファーの第一人者になった。

ニューヨークで歌い自分の生き方に目覚めた男は、20年経ったいまも、変わらずに歌い続けている。

'80年代に一世を風ビした流行を仕掛けた男は、45歳で挫折し、1軒のロック・バーから再出発した。

子どもの頃、銀幕のスターに憧れた男は、その時代遅れの夢をスピルバーグの映画で叶えた。

母親の店の手伝いから選曲をはじめた男は、カスタネダの教えのままに、選曲の喜びを世に広めた。

〝悪行〟を重ね消息不明になっていた男は、2度目の映画監督の仕事に賭け、見事に復活を遂げた。

何をやっても仕事が続かなかった男は、放浪の旅に出て、やっと続けてやりたいことを見つけた。

原子力発電所につとめていた男は、会社をやめ故郷も出て上京し、その4カ月後、ローリング・ストーンズ東京公演の楽屋にいた。

22歳でスカGとジャガーを乗りまわし、ブランド物に湯水のごとく金を使っていた男は、インドに行って物欲が消え、謎を深めた。

70歳を迎えようとするいまも、サイケデリック・アートのゴッド・ファーザーである男は、売れに売れまくっても、何ら生き方は変わらない。

という人たちを、この本で紹介した。

30年以上のつきあいにおよぶ人もいれば、つい数カ月前に偶然出会った人もいる。

全33人、30代から60代、生い立ちも仕事も様々。有名な人もいれば、無名の人もいる。大きな組織に属している人もいれば、会社を経営している人もいる。たえず連絡のつく人もいれば、まったくつかない人もいる。家族を持つ人もいれば、独り者もいる。財産や地位のある人もいれば、体と心ひとつの者もいる。街に暮らしている人もいれば、島に暮らしている人もいる。旅の好きな人もいれば、嫌いな人もいる。

僕にはそんな33人の人たちの人生が、それぞれ個性的な調子を持った音楽に聴こえる。それもジャンルは様々。ロカビリーやロックンロール、ブルースやジャズ、ソウルやサイケデリック・ロック、ニューウェーブやテクノ、トランスやダブ……たくさんの音楽がにぎやかに聴こえてくる。

この本は、だから33曲のコンピレーション・アルバムみたいなものかもしれない。実際、そんな気分で、本を制作した。

だから、このあとがきはライナーノートだ。

アルバムが完成したとき、僕は33人の33通りの生き方に何が共通しているのだろうと想った。何が響きあっているのか。みんな何らかの形でドロップアウトし、それぞれの道を歩んでいるのは間違いないが、いまの時代それだけでは物語が生まれない。

サクセスストーリーなんて退屈なだけだ。

僕の初の単行本は'86年に刊行した『原宿ゴールドラッシュ』だったが、それはサクセスがテーマではなかった。街に生きている不良が、一生ものの友情と愛に生きていく姿をロックンロール調に描いたものだった。サクセスは、その結果に過ぎない。

僕はまず人が好きだし、人と人の生み出すドラマも好きだ。

人として素晴らしいな、面白いなと思う人と接触したい。曲にしたい。自然とそこに筆がおよぶ。

今回の33人、何が素晴らしいかって、まずは友情だ。

ミッキーは盲目の少年とストリート・ファッションのデザインを通し結ばれている。話せば、ふたりはすぐに親友になるだろう。

井賀クンはブラジルの格闘家とともに暮らし友情を深め、早乙女クンは世界的なジャズ・プレイヤーとアルバムをつくるほど仲良しだ。沖縄で出会った歩クンとユーイチは一夜にして意気投合し、無人島やニューヨークに夢を追っている。

歩クンは、一度〝サクセス〟的人生を捨て、彼女とまるで『イージーライダー』のあのふたりのように旅に出たのが素晴らしい。

メルマガに寄せたギターウルフのセイジのコメントは、雄大とロッカーの同志的友情を想わせるし、秀ちゃんと殿下のつきあいにいたっては喝采ものだ。

50歳も離れた森川家親子も、何やら男同士の硬派の友情を感じる。榎ちゃんをバーテンに育てたデニーとの関係も年齢を超えた友情があってのことだ。

林クンは世界にたくさんのアーティストの友人がいて、ともに仕事をしている。森サンはエルヴィスのロックンロールを通し、レジェンド・ギタリストのジェームス・バートンと親交を結び、典継は旅の果てのメキシカン・パイプラインで一期一会の友人と出会った。

ニューヨークにおけるシオンとジョン・ルーリーのつきあい。フクちゃんのロック・バーにやって来たロビー・ロバートソン、それも一期一会だがロックを通し友だち同士のような時間がもたらされた。モンちゃんには、会社をやめ上京する直前、本を手渡した友人がいた。

みんな、生き生きと、各々の友情のドラマを語った。

次に素晴らしいなと感じたのは、現在流行現象となってしまった文化の先駆者であるということだ。

ヌマゲンはレトロ・カルチャーの、こだま君はダブ・サウンズの、根本氏はポップ・アートのギャラリー&ショップの、ヒノはDCブランド系ファッション・ショーの、坂井サンはデザインTシャツや限定商品の、藤幡クンはCG映像《アニメ》の、佐藤サンはサーフィン・フォトグラファーの、茂一はDJカルチャーの先陣を切った。彼らは、それまで日本になかった文化を発信し、広めた。

また、伝統としてすでにあった文化に新風を送り込んだ人も多い。

祐平サンはスーツの仕立て屋稼業で、賢ちゃんはレストラン&バーを踊れるクラブに、伊武ちゃんは『スネークマンショー』の声優として、下田クンは放浪画家の国際派として、荒戸サンは鈴木清順映画のドーム・シアターで、斬新な方法論を世に示した。

アルバムの中に、僕はあとふたつテーマを見出す。ひとつは、ひと言でいえば〝こだわり〟なのだが、それも偏執狂的なものではなく、実に風通しのいい、遊びの感覚に溢れているものだ。

タカハシ君が、17歳のときライブ・ハウスで忌野清志郎から受けた衝撃を追い求める、そのやんちゃな情熱。剣サンが、どんなに人気者になっても横浜・黄金町のパブに出演する、そのスタンス。田中クンが3歳から酒を飲みはじめ、結局はバーの店主になってしまったいきさつ。その3人3様の人柄をあらわす〝こだわり〟に、僕は大らかさを感じる。

そして最後は、売れに売れまくってるのに、何ら生き方が変わることのないミックとタナさん。僕の〝ブラザー〟と〝師匠〟。

全33曲、僕たちが俺たちらしく生きてゆくために、いつも聴いてもらいたい、いかしたナンバー。そんな感じで読んでもらえたら、多分、みんなゴキゲンじゃないかな。

さて、ひと仕事終えたことだし、ここらへんで、いかしたロックンロール・ナンバーでも聴くか。革製の旅行カバンいっぱいにつめ込んだＣＤの中から、えーと、麗蘭を引っぱり出す。仲井戸麗市は歌う。

人の生き方なんて百万通り
それ以上限りなくあるのさ
だから世の中と自分を
くらべたりしなくてもいいだろう……

『Ｒ＆Ｒ　Ｔｏｎｉｇｈｔ』

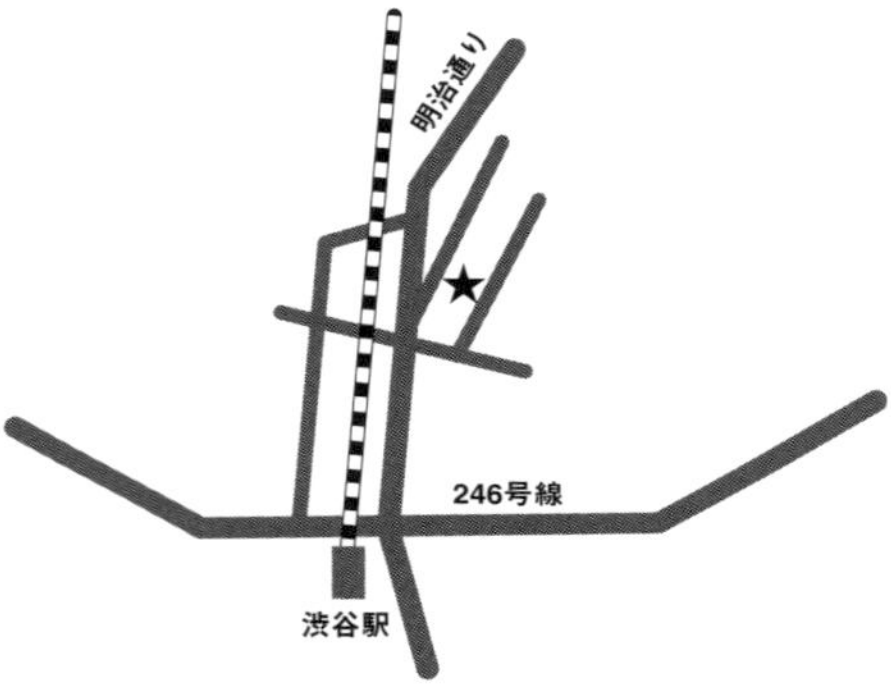

ピンクドラゴン（クリームソーダ）
〒150-0002東京都渋谷区渋谷1-23-23
TEL03-3498-2577
http://www.pinkdragon.co.jp/

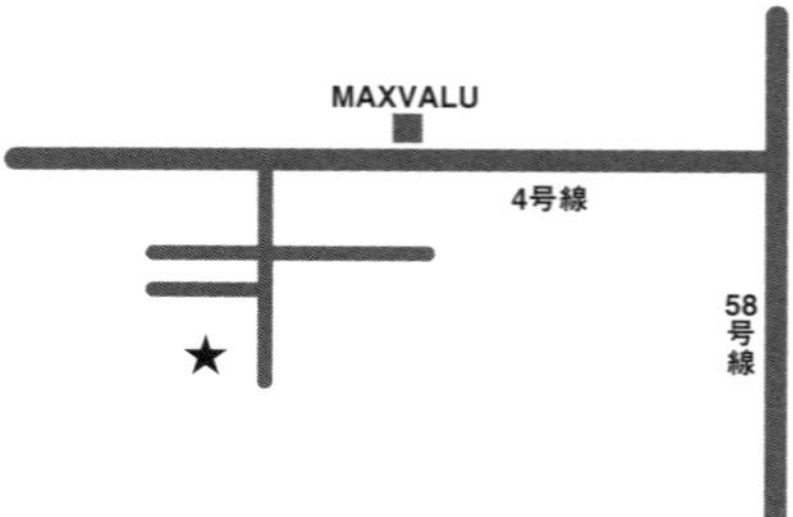

BEACH 69 HOUSE
〒904-0305沖縄県中頭郡読谷村都屋20
TEL098-956-5301
http://www.beach69.com/

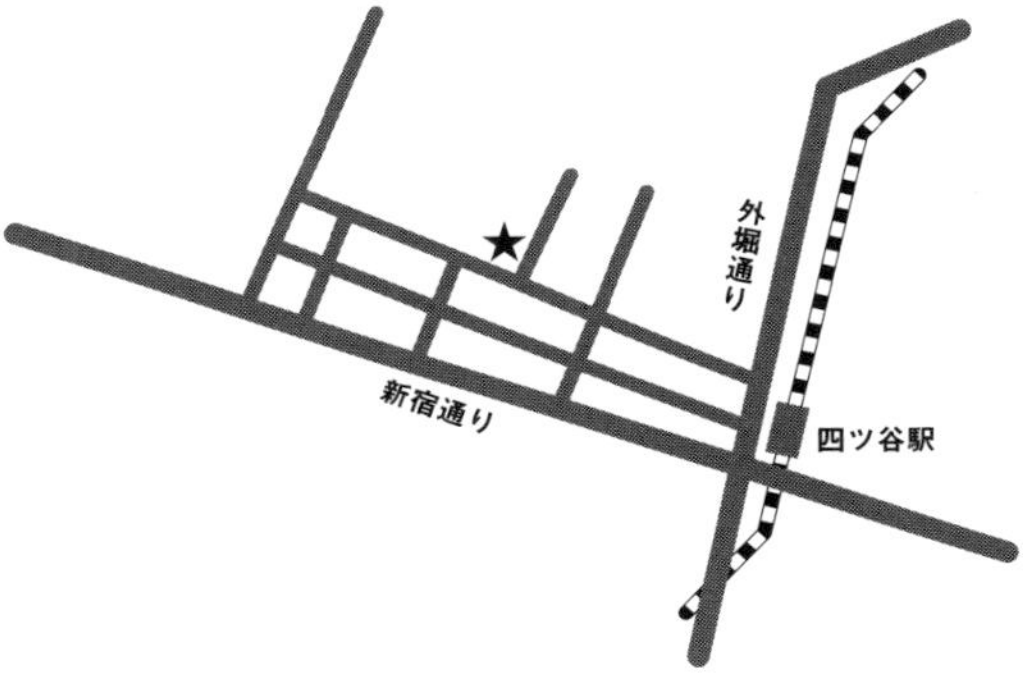

ぶちうま
〒160-0008東京都新宿区三栄町7　松尾ビル1F
TEL03-3355-5595

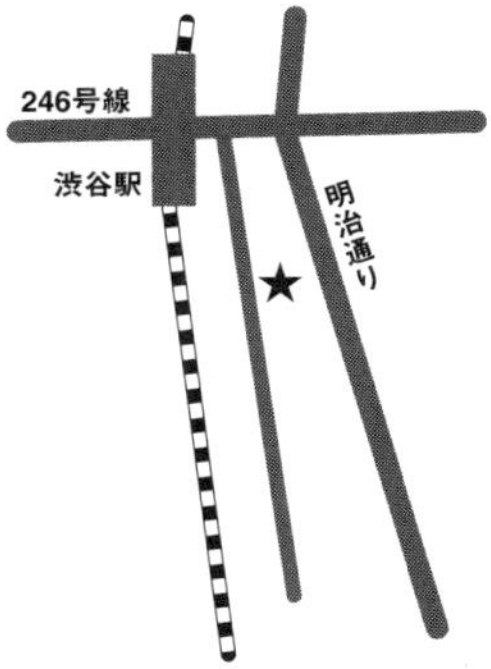

caid
〒150-0002東京都渋谷区渋谷3-28-15　第5野口ビル206
TEL03-5467-3088
http://www.tailorcaid.com/

WALKIN
〒107-0062東京都港区南青山2-7-29　ジュン青山ビル1F
TEL03-3405-9955

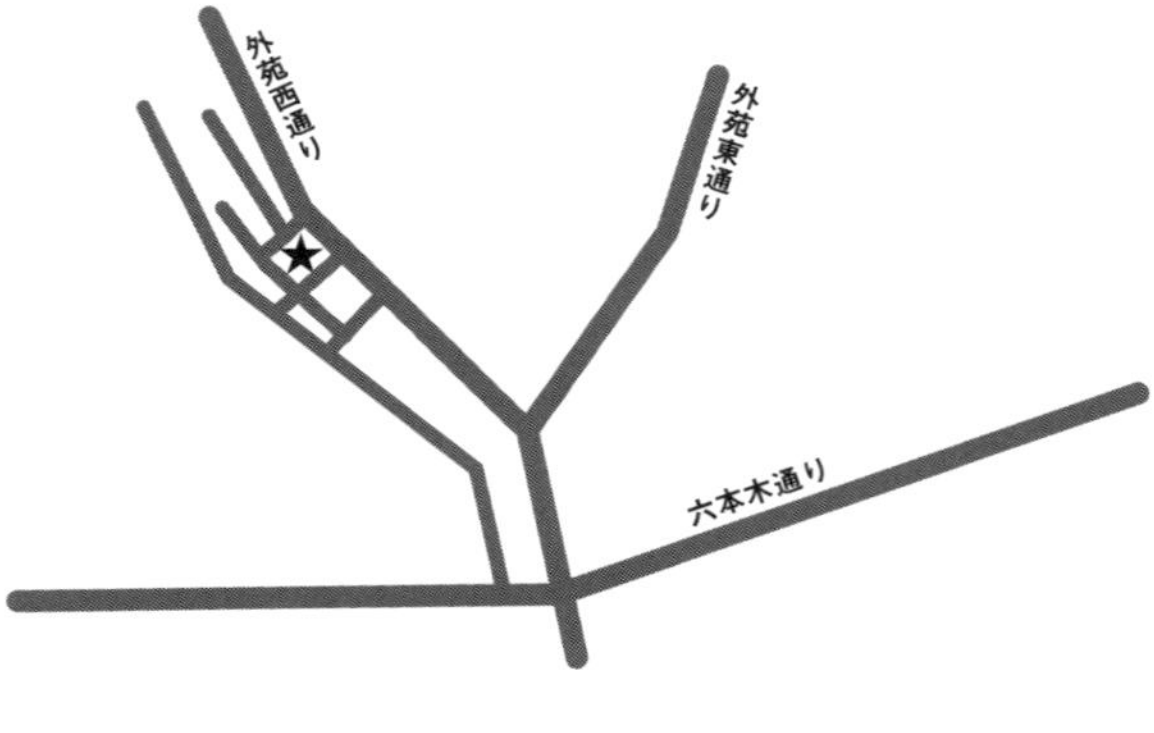

ライステラス
〒106-0031東京都港区西麻布2-7-9
TEL03-3498-6271

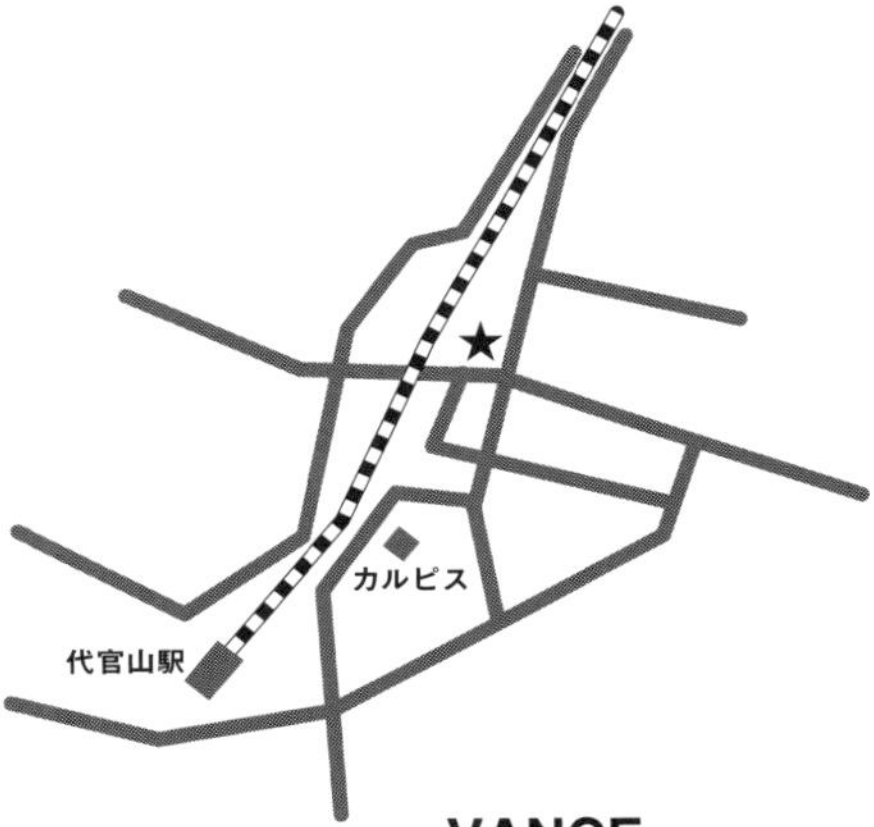

VANCE

〒150-0021東京都渋谷区恵比寿西2-14-10　TWONE代官山B01
TEL03-3462-5382

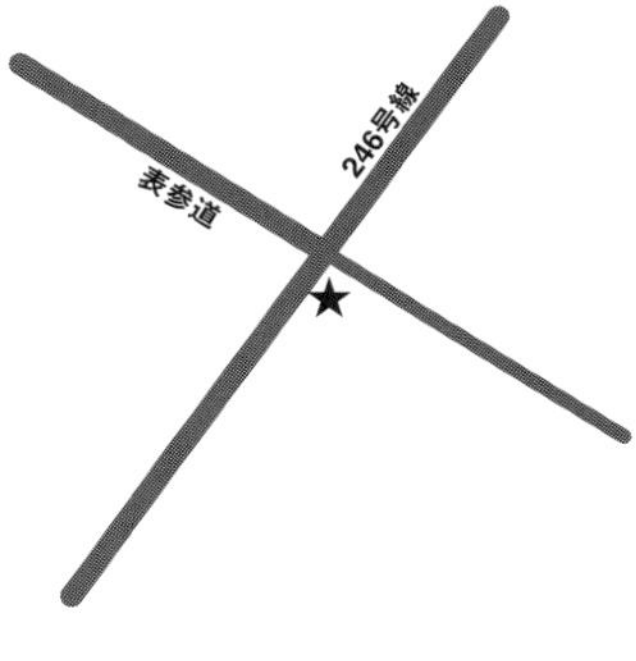

ギャラリー360°

〒107-0062東京都港区南青山5-1-27　2F
TEL03-3406-5823
http://www.360.co.jp/

ケセラ

〒150-0013東京都渋谷区恵比寿3-39-7　山田薬局B1
TEL03-3442-3959

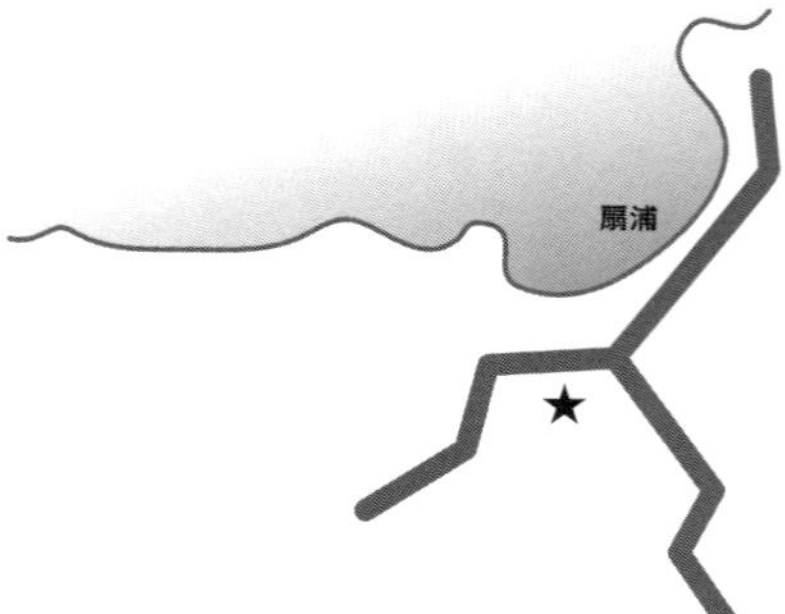

ラオ・アドベンチャー・ツアーズ

〒100-2101東京都小笠原諸島小笠原村父島字扇浦海岸
TEL04998-2-2081
http://www.boninrao.com/tour/

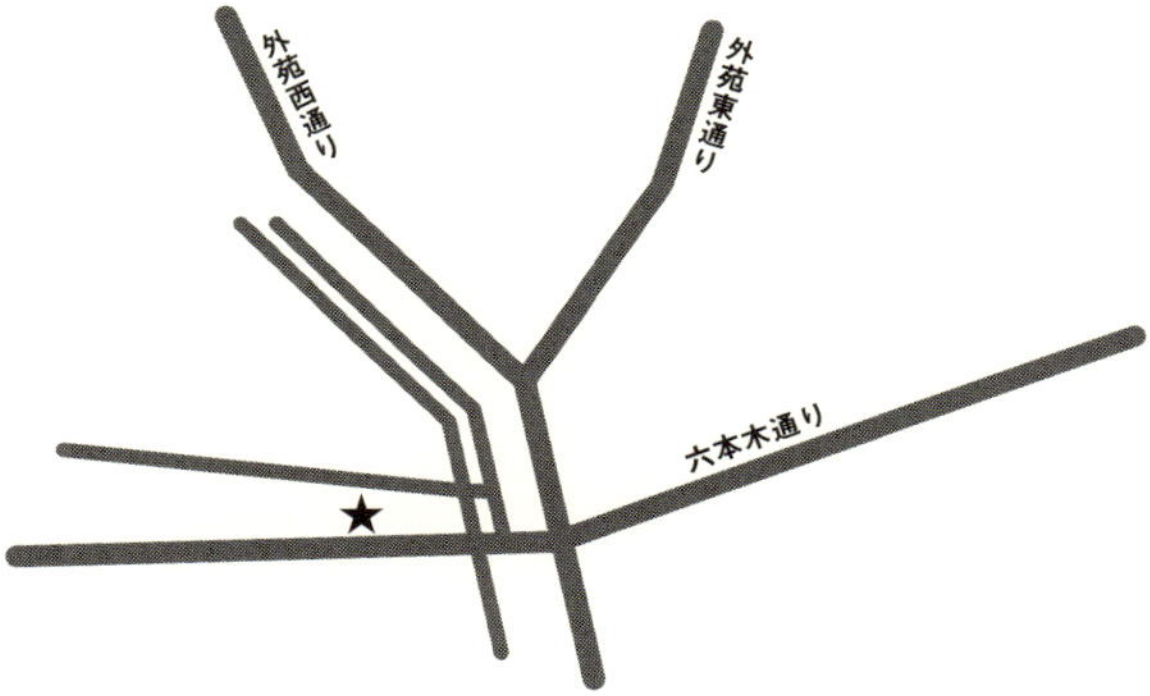

PB

〒106-0031東京都港区西麻布2-25-19　木島ビル2F
TEL03-3486-0997

レッドシューズ

〒107-0062東京都港区南青山6-7-14　チガー南青山B1
TEL03-3486-1169
http://www.redshoes.jp/

本書は、書下ろしと、「週刊プレイボーイ」（集英社、1988年6月号～1989年12月号）の連載の一部及びエスクァイア日本版臨時増刊「Patagonia」（エスクァイア・マガジン・ジャパン、1998年10月号）の一部及び『レッドシューズの逆襲』（主婦と生活社、2004年12月刊）の一部に大幅な加筆訂正をした文章で構成されています。
「週刊プレイボーイ」：こだま和文、沼田元氣、藤幡正樹、日野原幼紀、坂井直樹、宮川賢左衛門、シオン、伊武雅刀、桑原茂一、荒戸源次郎、立川直樹、田名網敬一各氏のストーリー
「Patagonia」：宮川典継、佐藤秀明各氏のストーリー
『レッドシューズの逆襲』：門野久志氏のストーリー

森永博志 *Hiroshi Morinaga*

1950年生まれ。都立昭和高校中退後、住み込みの新聞配達、ボート場管理、印刷工、建設労働、倉庫番等の仕事を転々とする。19歳、渋谷区南平台町のコミューン〈アップルハウス〉のメンバーに。同時に、同じく南平台町の〈アド・センター〉で仕事をはじめる。25歳で編集者となり、インディーズ系出版社でベストセラーを連発。音楽雑誌の編集長となる。27歳で、ＮＨＫ・ＦＭ『サウンド・ストリート』の初代パーソナリティとなる。32歳で、実験的文芸雑誌『小説王』創刊。荒俣宏の『帝都物語』を世に送る。36歳で、初の単行本『原宿ゴールドラッシュ』（ソニー・マガジンズより'04年に復刊。絶版となっているワニブックスの初版本は、アマゾンやヤフー等のユーズド市場で、'05年現在、1万円以上という高値をつけている）を発表。著書は他に『やるだけやっちまえ』（リトルモア）、『続シャングリラの予言』（東京書籍）、『アイランド・トリップ・ノート』（A-Works）、『レッドシューズの逆襲』（主婦と生活社）など。現在、毎月第3土曜日に青山〈レッドシューズ〉にて、ロック・イベント『第3土ヨー日』をオーガナイズ。

森永博志のオフィシャルサイト：www.morinaga-hiroshi.com

装幀　菊地信義
タイトル　ロバート・ハリス

編集　小島　卓（東京書籍）
編集協力　滝本洋平（A-Works）
長谷川理（phontage guild）

続 ドロップアウトのえらいひと

2005年 6月20日　第1刷発行
2012年11月21日　第2刷発行

著　者　森永博志

発行者　川畑慈範

発行所　東京書籍株式会社
〒114-8524　東京都北区堀船 2-17-1
電話　03-5390-7531（営業）
03-5390-7526（編集）

URL=http://www.tokyo-shoseki.co.jp

印刷・製本　中央精版印刷株式会社

乱丁・落丁の場合はお取り替えいたします。
本体価格はカバーに、税込定価は売上カードに表示してあります。

ISBN 978-4-487-79991-6　C0095